中国钧瓷

收藏与鉴赏

主编　顾万发　田培杰

中原出版传媒集团
大地传媒

大象出版社
·郑州·

图书在版编目（CIP）数据

中国钧瓷收藏与鉴赏／顾万发，田培杰主编．—郑州：
大象出版社，2015.3

ISBN 978-7-5347-8168-1

Ⅰ．①中… Ⅱ．①顾…②田… Ⅲ．①钧窑－瓷器（考
古）－收藏－中国②钧窑－瓷器（考古）－鉴赏－中国
Ⅳ．① G894 ② K876.34

中国版本图书馆 CIP 数据核字（2014）第 202807 号

中国钧瓷收藏与鉴赏

顾万发　田培杰　主编

出 版 人　王刘纯
责任编辑　石更新
责任校对　牛志远　安德华
封面设计　张　帆
装帧设计　库晓枫

出版发行　大象出版社（郑州市开元路 16 号　邮政编码 450044）
　　　　　发行科　0371-63863551　总编室　0371-63863572
网　　址　www.daxiang.cn
印　　刷　郑州新海岸电脑彩色制印有限公司
经　　销　各地新华书店经销
开　　本　787mm×1092mm　　1/16
印　　张　27
字　　数　415 千字
版　　次　2015 年 3 月第 1 版　2015 年 3 月第 1 次印刷
定　　价　158.00 元

若发现印、装质量问题，影响阅读，请与承印厂联系调换。
印厂地址　郑州市文化路 56 号金国商厦 7 楼
邮政编码　450002　　电话 0371-63601610

目录
Contents

目录
ontents

目录
contents

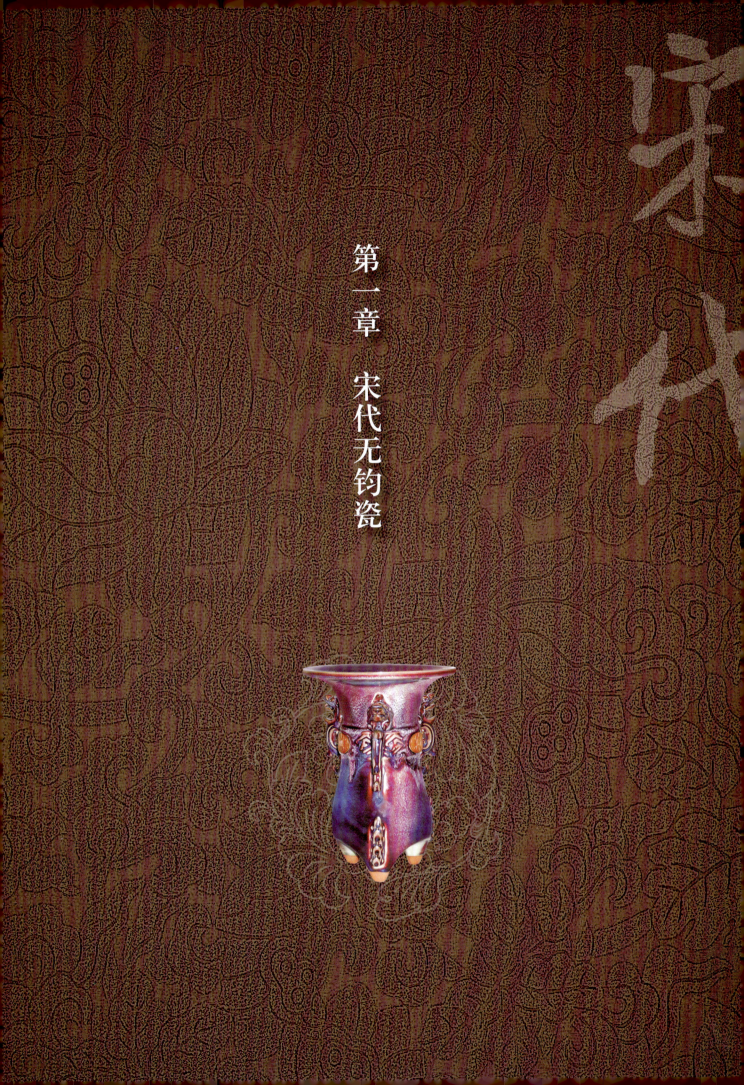

第一章 宋代无钧瓷

宋代

钧瓷产于北宋之说，始出清末，传至今日。此说法20世纪80年代末90年代初在学术界独占鳌头，势不可当。钧瓷产于唐盛于宋，在河南郑州、许昌、平顶山等地的钧瓷业界、收藏家、鉴赏家、爱好者中像儿歌一样传唱，特别是钧瓷走向市场化以后，为了经济利益，误认为历史年代越早越能吸引人，编造了一套不能自圆其说的荒诞故事。学术界部分专家最终落脚到"钧瓷北宋说"，将钧瓷列入宋代五大名瓷（汝、官、哥、定、钧）之中。继而，又向前进了一步：宋代五大名瓷"钧为首"。

"北宋说"还没有名正言顺地站住脚，就有唐说、隋说；"宋徽宗官窑说"还没站稳脚跟，又有了宋真宗官窑说、唐玄宗官窑说、唐太宗御用瓷等。紧接着又演义了一年只出三十六件，不随葬、不赏赐，仅供皇上寝宫欣赏，说得天花乱坠，听者神魂飞扬，目的是要做成生意，弘扬钧瓷文化只是一种说辞。这种胡编乱造的小曲儿成了现代钧瓷兴旺发达的基础，谁要是说钧瓷不是起于宋代，就是亵渎了神圣的钧瓷文化，会遭到群起围攻。

真的假不了，假的真不了，任何事物，只有真，才有信，只有信，才有传，只有传，才能发扬光大。

现将正反双方论点、论据摘录于后，供读者甄别真伪，扶正祛误。

一、"北宋说"的专家、学者及其著述

1.冯先铭先生《河南省临汝县宋代汝窑遗址调查》一文，发表在1964年《文物》杂志第6期，该论文《钧窑胎釉及制作特征》一节中说："通过调查所看到的，宋代烧钧釉瓷器的窑，其体积都较小，容量不大，蜘蛛山窑的体积大，较禹县刘家门宋代钧窑大三倍左右。""从钧瓷生产的种类，已由各类花盆之类陈设瓷品代替了北宋早期的碗、盘大宗的生活日用品，这就说明钧台窑已变成专门为宫廷烧制御用品的官办窑厂了。"

直述北宋末期钧台窑专烧御用陈设瓷，但无文献证明，也不见举证。

2.叶喆民先生《河南省禹县古窑址调查记略》一文，发表在《文物》杂志1964年第8期，在结束语中说："钧窑，最初虽一度有过非常卓越的成就，但不幸为宋朝宫廷所看重，烧制的陈设品如盆、尊、炉一类，只能

供当时少数统治者们的'清赏雅玩'。" 在《神垕镇钧窑遗址》一节中作者说："我的初步意见，是将钧窑上下限定为北宋至元代。"

钧窑是泛指，没指明器皿类和陈设类，亦无文献和证据，所以才会有北宋至元的跨度。被宫廷看重成为国宝，应是荣幸，非不幸也。

3.赵青云先生是河南省文物考古研究所副所长，亲自参与了禹州钧台窑的发掘，在河南钧瓷各类窑址发掘中颇具慧眼，成绩斐然，又撰写了《河南陶瓷史》等多部专著，笔者也尊他为师长。他是河南省陶瓷界权威人士之一，也是"钧窑北宋说"的重要代表人之一。

他的《河南禹县钧台窑址的发掘》一文，发表在《文物》杂志1975年第6期，文中如此表述："宋初的钧瓷产品较精，但产量有限，到了北宋晚期，由于金兵南下……" 他的《钧瓷的起源、兴衰与复苏》一文，发表在 1981 年《中原文物——河南省考古学会论文选集》特刊，文中仍坚持"钧窑北宋说"。

他的《关于钧窑与汝窑的若干问题》一文，发表在台湾收藏家协会会刊文物选粹《青瓷之美》八月版。文中如此表述："钧瓷从唐代兴起，到北宋晚期达到鼎盛阶段，成为全国五大名窑之一。"

他的专著《钧窑瓷鉴定与鉴赏》一书，2000 年由江西美术出版社出版。书中《钧瓷的烧制历史》一节有5点表述：

其一，传世的钧窑瓷器中底部所刻"奉华"铭文，其字体与宋代汝窑贡瓷底部所刻铭文完全相同，并且"奉华"是宋高宗的一位妃子所居住的宫殿殿名，金代无此殿名，由此断定钧窑瓷器创烧于北宋。

其二，在窑址中发现了一个用钧泥制作而成的"宣和元宝"钱模。宣和是北宋徽宗时的年号，钱模的出土为"钧窑北宋说"提供了最有说服力的依据。

其三，从钧台窑出土的钧瓷标本来看，与北京的故宫博物院和台北的"故宫博物院"所珍藏的传世钧瓷贡品毫无两样，由此可以明确断定钧台窑在北宋末年被朝廷垄断为官窑，成为专为皇宫烧制御用钧瓷的生产基地——进一步说明钧窑的兴盛之日当在徽宗时期。

其四，……从以上分析和考古发现来看，我们认为将它称为"唐钧"

是不无道理的，而且可以从中得出这样的结论：钧瓷起源于唐代。

其五，大肆收罗到的全国各地的奇花异石"越海渡江"运至汴京。钧台窑所烧制的大量花盆也正是为了适应当时宫廷内奇花异木栽种的客观需要。

4.田松山先生、晋佩章先生的《从禹县九十六处古窑遗址的调查浅谈钧台窑的艺术成就》发表在《景德镇陶瓷》1984年总第26期。在《钧台窑艺术成就》一节中作者说："从禹州境内九十六处古窑址的调查和对钧台窑的烧制工艺的研究中发现，宋徽宗除大兴土木建造园林外，还大量收集各地奇花异木运至汴京，满足皇家穷奢极欲的生活，所以当时的钧台窑就是为适应宫廷特殊需要而建立的。"

5.李辉柄先生所著《宋代官窑瓷器》，1992年由紫禁城出版社出版，书中有如此表述："官钧窑是继官汝窑之后建立的第二座北宋官窑"，"宋徽宗据此修建'寿山艮岳'是为了种植奇花异草"，"从钧台窑发掘情况来看，不仅解决了传世宋钧的烧造年代和窑口问题，还证实了神垕钧窑的烧造年代应为宋初。到了北宋晚期，皇室为了满足宫廷建造园林的需要，除了掠夺民窑的上等品外，对钧台窑则派职官进行监烧，并征集民窑工匠设'官窑'为皇帝烧造贡瓷"。

6.晋佩章先生所著《中国钧瓷艺术》一书，2003年由中州古籍出版社出版，在《钧瓷历史渊源》一节中有如此表述："钧窑，一般来说，始于宋初，北宋晚期的官钧——钧台窑是钧瓷发展的鼎盛时期和典型代表。"在第244~250页又有三种表述：

其一，钧瓷创烧于唐，并赞曰："钧瓷始于唐，宋代盛名扬。"

其二，……上述史料说明钧瓷始贡于五代后汉。

其三，钧瓷为宋朝民窑，徽宗皇帝定为"御用珍品"，特设官窑为宫廷制作怪石盆景，便在河南禹县建立了官钧窑，烧制陈设用品。"1965年，终于在禹县城北门外的八卦洞发现了古窑遗址……从而证实禹县窑址即北宋官钧窑遗址。"

7.阎夫立先生著《中国钧瓷》巨著，2004年12月由河南科技出版社出版，书中有以下几种表述：

其一，钧瓷是我国优秀的传统瓷种，它始于唐，盛于宋，产于河南省禹州市。北宋钧官窑时期是钧瓷的黄金时期。

其二，笔者 2003 年在李经谋那里见到他收藏的一件隋代四系青釉蓝斑罐——这是笔者见到的最早的钧瓷器物。

其三，五处唐窑遗址发现后，初步判明了钧瓷始于唐，并看到窑变花釉与斑点装饰对宋钧的影响。

其四，"宣和"是北宋徽宗时的年号，钱模的出土为帮助我们解决传世钧瓷的断代提供了最有说服力的证据。

其五，较为完整的1 号窑为长方形窑炉双乳状双火膛。窑室北侧有两个并列火膛，东边火膛有观火孔，下部有可堵住的通风孔。窑的结构可分为窑门、观火孔、火膛、窑室、烟囱、烟道，烟囱有四个，有一个方形烟囱，周边均用长方形砖垒砌。

8.苗锡锦先生所著《钧瓷志》一书，2000年由河南人民出版社出版。书中这样表述："钧瓷始于唐，盛于宋。北宋徽宗时期成为御用珍品，并在禹州市东北隅'古钧台'附近设置官窑，烧造宫廷用瓷，故窑名'钧窑'，瓷名'钧瓷'。""从上述可知，唐代花瓷与宋代钧窑有渊源关系，是钧窑的前身。钧窑始于唐，已得到陶瓷史学界的公认，并载入史册。"在第18页又有这样的表述："唐代盛产高温瓷，北宋钧窑星罗棋布，金、元以后粗瓷生产非常发达。"在第35页有这样的表述："钧窑器在大量宋代墓葬中不曾发现，而多出于元代墓和遗址中，因而宋无钧瓷。在钧台窑的发掘中，有底刻与定窑、汝窑铭文相同的'奉华'字样的器皿；早在民国十五年（1926）禹州有一魏姓者，在钧台窑区挖出瓷制方形钱模一个，正面有'宣和元宝'字样；1964 年又发现同样钱模一个；1962 年地方国营禹县神垕瓷厂建电厂时出土的'元祐七年高天顺制'钧瓷碗相互印证；古陶瓷专家傅振伦先生说，他在1946 年11 月8 日和李鸿庆同游，在北京古玩铺见一钧瓷盘，铭文是：'绍圣二年（1095）五月□命望道□敬造社长刘造于钧州高天祥题。'上述实物都足以说明，北宋中晚期是钧窑盛烧之时，始烧是北宋早期。"

以上所述1926 年钱模、1964 年钱模、1946 年铭文盘，目前均未见实物，照片也无，故传闻不能作为证据。

9.秦大树先生《钧瓷三问——论钧瓷研究中的几个问题》发表在《故宫博物院院刊》2002年第5期，文中这样表述道："今人谈及宋代窑业时，必言'五大名窑'，而'五大名窑'最常见的排序为汝、官、哥、定、钧，钧窑有幸而名列其中。钧窑的确是宋元时期一处非常重要的窑厂。"

10.日本学者小山富士夫同样认为钧窑瓷器的生产年代可能早至北宋。

11.耿宝昌先生2005年10月在禹州钧瓷研讨会上说："钧瓷是北宋的，这是不容置疑的。"就是这句"不容置疑"引起更多的专业人员和民间钧瓷爱好者提出更多的质疑，最终否定了"钧窑北宋说"。

钧窑北宋说的主要依据综合以上部分中外专家、学者的著作、论文等材料，对钧瓷的始创时间有隋代说、唐代说、五代后汉说、北宋初年说、北宋末年说，但"北宋说"是众口一词，主要依据归纳起来有9项。

（1）禹州钧台窑有遗址发掘，并以1号双乳状火膛长方形窑为据。

（2）钧台窑遗址发现了用钧瓷泥制作的"宣和元宝"钱模一个。

（3）钧台窑址出土了"奉华"铭文器皿。

（4）禹县修白沙水库时发掘一批北宋墓葬和窖藏钧瓷。

（5）2004年禹州制药厂基建时发掘出土陈设类钧瓷残器、碎片、胎骨，器底残片有数目字。

（6）宋徽宗所画《听琴图》中石几上的瓷器是钧瓷。

（7）北京金山墓出土的玉壶春瓶应为北宋钧瓷。

（8）唐代花瓷即为唐钧。

（9）陈设瓷是为宋徽宗"花石纲"与"艮岳"而烧制。

二、否定"北宋说"的专家、学者及其驳辩

"北宋无钧说"不是今天才提出来的，而是由来已久，中华民国时期，海外学者已对"钧瓷北宋说"提出质疑。新中国成立以后更有学者提出自己的见解和看法，特别是2000年以后，一些专业机构、专家和民间田野调查者，以对历史的责任感，开始对"钧瓷北宋说"进行驳辩，彻底

否定"钧窑北宋说",并立论：器皿型钧瓷始于金元；陈设类钧瓷始于明代初期或中期。

1.20世纪30年代日本学者大谷光瑞先生提出"钧瓷始烧于金代"。

2.20世纪30年代日本学者久志卓真先生直斥"具有紫红斑的钧瓷器形崩颓，格调低下，沉溺于官能性色彩，是一种末流现象，金、元趣味"。

3.1937年，日本学者尾崎洵盛先生根据原田玄纳实地考察，"强调陈设类钧瓷素有明代所制说"。

4.1936年道在瓦斋（罗原觉）所著《谈瓷别录》一书是我国最早提出钧瓷始烧于金代的著作。

5.日本学者出川哲朗在2004年所发表的《关于"官钧"类钧瓷的年代》一文中将官钧特定在明朝永乐年间（1403～1424）。

6.关松房先生在《文物参考资料》1958年第2期上发表的论文《金代瓷器和钧窑问题》中提出"钧瓷烧于金大定二十四年以后"。

7.陈万里先生在1951年赴禹县调查，在当年的《文物参考资料》上发表论文《禹州之行》，文中提出"钧窑属民窑，且始烧于金"。"钧瓷纯属民间窑作风，它的时期是金元时期内"。陈万里先生著《中国青瓷史略》一书，1956年由上海人民出版社出版，在涉及钧瓷时强调指出："钧瓷是北方金人统治下以及元代百余年间的产物。"

8.童书业先生与史学通先生合著的《中国瓷器史论丛》，1958年由上海人民出版社出版，亦认为"钧窑是南宋时期即金代的制品"。

9.李文信先生的《辽瓷简述》一文，发表在《文物参考资料》1958年第2期，文中指出："钧窑是金代钧州设窑烧造，故名。"

10.北京李民举先生1997年在所著的《陈设类钧窑瓷器年代考辨——兼论钧台窑的年代问题》中多方面论证后指出："陈设类钧瓷为明初的产品。"

11.台湾罗慧琪女士1997年在其所著的《传世钧窑器的时代问题》中也论证为"14世纪晚期的元末明初"。

12.台湾余佩瑾女士1998年在所著的《钧瓷研究的回顾与展望》一文中指出："器皿类钧瓷盛烧于金、元时期"，"陈设类钧瓷的年代不会晚于明宣德窑的作品"。

13.福建欧阳希君女士在《论钧瓷的年代及性质》一文中指出："钧瓷日用品器皿创烧于金代，陈设类钧瓷则晚至元末明初，以至更晚的明中期，均属民窑性质。"

14.上海陈克伦先生在《钧台窑"北宋钧瓷"产品时代的再探讨》一文中指出："钧瓷器皿型创烧于金代中期，或可上升下延；陈设类钧瓷烧造年代为明早期"。

15.深圳刘涛先生在《钧窑瓷器渊源及其年代》一文中指出："钧窑其年代应在此时期，即公元14世纪左右，跨越元、明两个朝代。"

16.深圳郭学雷先生撰文的标题即"官钧瓷是明代产品"。

17.郑州蓝普生先生则直接以驳论命题"蓝普生论辩'宋代无钧'"。

18.笔者在2011年1月由河南人民出版社出版的《新钧瓷》一书中将台湾余佩瑾和郑州蓝普生两篇反驳"钧瓷北宋说"的文章编入书中，以表示支持"宋代无钧瓷"新论，并认为陈设钧瓷始烧于明洪武至永乐年间。

以上所列专家、学者、爱好者仅是持此观点的很少一部分。在2006年11月13日由深圳市文物考古鉴定所主办的"中国深圳'官钧'瓷器学术研讨会"上，有近50位中外陶瓷专家发了言。闭幕式上，景德镇考古研究所名誉所长刘新园先生总结时说："提出明代为'官钧'烧制时代的观点，在中国考古界具有划时代的意义。"

对此，李知宴先生曾发文说："这次研讨会的意见竟然超乎寻常地一致，大家一致认定，所谓'官钧'瓷器实为明代产品，绝非宋代产品。"仅有北京故宫博物院古器物部副主任吕成龙坚持"宫廷传世钧瓷属于北宋"，持官钧"明代说"的专家几乎一边倒，而且那些人来头大，名声响，可谓位高权重，吕成龙几乎是"螳臂挡车"。

北京大学的秦大树是在钧瓷研究领域颇有影响的青年学者，与台湾大学的罗慧琪、北京大学的李民举一起被陶瓷界誉为最有影响力也最年轻的考古专家。他表示说："我当年在华盛顿国立佛立尔美术馆做博士后时，就把佛立尔所藏的东西都看了，其所有陈列瓷，从器物风格工艺上看，都应属于金代，我把它们定为金后期。去年，毛家湾一个灰坑，出土几千件

碎片，经初步整理，早的是元代，最晚的是明朝正德年间，其中十几片跟这次会议所见的标本是一样的东西，可以给这次会议上的'明代说'作一个旁证。"秦大树以科学的态度对待此次会议，无疑在陶瓷界提高了自己的地位，也增加了个人的诚信度与人格魅力。

2008 年，在国际拍卖市场上，美国苏富比拍卖公司专家开始认同"官钧明代说"，纽约的拍卖会已经明确把原标识为北宋官窑的花器，重新标识为元末明初藏品，香港苏富比拍卖公司也将相关藏品的年代更改为13～14 世纪，此后，佳士得拍卖公司也接受了"官钧明代说"。目前，本就价格不低的钧瓷陈设器，行情正逐年持续攀升。钧瓷陈设器"明代说"终被国际市场所接受，这应是历史真实的魅力。

"北宋无钧说"专家、学者的驳辩依据：

（1）宋代河南无钧州。现在的禹州当时称阳翟。据明嘉靖《河南通志》记载："秦置阳翟县，属颍川郡，项羽封韩成为韩王，都于阳翟；旧曹魏晋属河南郡，刘宋属颍川郡，东魏改置阳翟郡；隋开皇初废郡为县，属襄城郡；唐初属嵩山，贞观元年改属许州颍川郡；五代属许州，宋属颍昌府（许昌），为京西北路（洛阳）；金置颍川州，大定二十四年改钧州，以阳翟属之。"自秦至金大定二十四年，一直称"阳翟"。

一个瓷种的命名，多以所在的州县的名字取之，如：汝窑在汝州，定窑在定州，越窑在越州，饶窑在饶州，建窑在建州，吉州窑在吉州等。宋无钧州，哪儿来钧窑？

清同治《禹州志·禹州新序》记载："金大定间始设置颍川，寻更名，曰钧，明万历初以避讳改今名。"

《明史·地理志》记述："钧州于万历三年改称禹州。"

故此，早期陈万里、关松房就判定钧瓷始烧于金，以钧州取名钧瓷。"北宋说"多以禹州钧台宋已有之，故此因钧台名而称钧窑。此言更谬矣。古均台非今人言之钧台，"均"不同于"钧"。"古均台"是一个监狱名。受皇室青睐的钧瓷能以因禁犯人的监狱命名吗？

《史记·夏本纪》说："（桀）召汤而囚之夏台，已而释之。"唐司马贞《史记索隐》云："狱名，夏曰均台。"皇甫谧云："地在阳翟是也，夏台盖由夏之均台演化而成。"《禹刑》记述："夏的监狱叫'圜土'，在地下挖成圆形土牢，或在地上围起圆形土墙。夏在都城阳翟设'均'台。"

《元圣伊尹》记述："夏桀将汤召到都城，囚于均台（监狱），又置于种泉（水牢）。"

《七修类稿》记述："狱字不同时代有不同解释，夏曰均台，又曰念室。"

有专家把某些书中的"均台"误写成"钧台"，并摘录于自己的论文中，实在是悲哀的事。现在禹州"均台"遗址上新盖的楼亭上堂而皇之地刻上了"钧台"，当笔者问起选址、设计建楼的阎夫立时，他自己也说不清道不明。

关于"均"字的起源，王红旗在《均台之均考辨》一文中指出："当年，胡适、郭沫若认为中国历史上没有夏王朝。近年史学家、考古学家的研究认为《夏禹书》《禹王碑》是夏朝的'夏篆'，是夏朝的官方文字，'均'字既然有甲骨文字'夏篆'，它应该是最原始的'均台'名。"

《竹书纪年》记述："（帝辛）四十年，周作灵台（均台）。"

《竹书纪年》是春秋时期撰写的，"均"应是篆体，早于"钧"字，两字不能以同音互用。

近年来，偃师市二里头村遗址发现大型宫殿、墓葬并出土了许多青铜器，考古工作者经过多年调查、发掘、研究，认为二里头文化是介于河南龙山文化和郑州二里岗早期商文化之间的文化遗址，应该是夏文化，夏之都城在偃师市二里头，大型监狱"均台"设在阳翟。

（2）明代高濂所著《遵生八笺》以前无文献记载"钧窑"。与其他瓷种记载对比述下：

五代、宋、元文献《十国春秋》《吴越备史》《宋会要辑稿》《宋会要·食货志》《宋史·食货志》《宋史·地理志》、王存撰《元丰九域志》、蔡襄撰《茶录》、《苏东坡集》、画家惠洪撰《石门文字禅》、徐兢撰《宣和奉使高丽图经》、史学家洪迈撰《夷坚三志》等及艺文、诗词提及的瓷窑有越州的越窑、汝州的汝窑、杭州的官窑、定州的定窑、耀

州的耀州窑、邢台的邢窑、建安的建窑、饶州的湖田窑、徐州萧县的白瓷窑、浮梁的景德窑、河南巩县窑、福建德化窑，还有朝鲜高丽窑与阿拉伯大食窑，共计 14 个中外窑口，就是无钧窑。宋徽宗的御用陈设钧器为什么所有文献与诗文都一字未提呢？很简单，因为宋代根本无钧窑。

明代文献有：洪武朝曹昭撰写的《格古要论》记有 15 个窑口，无钧窑。

明天顺朝王佐撰写的《新增格古要论》记有 16 个窑口，无钧窑。

明万历朝屠隆撰写的《考槃余事》记有官、哥、定、龙泉、东青各窑器皿，无钧窑。

明南京礼部尚书董其昌撰写的《骨董十三说》记有国内外 18 个窑口，也无钧窑。而他在《筠轩清闷录》中记研究心得时得出结论：钧州窑之下有龙泉窑，而龙泉窑始于南宋末年。

从明万历黄一正的《事物绀珠》、明天启朝张应文的《清秘藏》、明徐应秋的《玉芝堂谈荟》、明张谦德的《瓶花谱》、明谷应泰的《博物要览》、明田艺衡的《留青日札》开始提出钧窑。《瓶花谱》中把钧窑排于龙泉之后（龙泉窑有文献记载是在南宋），章生、乌泥、宣德、成化之前。《博物要览》把柴、汝、官、哥分为一组，龙泉、钧窑、建窑为一组，又饶窑单论，又宣德、成化、弘治、正德、嘉靖为一组。各窑口都没年代说明，独把钧窑提出来与明代宣德窑同样专论，是否暗示钧窑与宣德一样为明代重要窑口？

至清朝佚名《南窑笔记》才有钧瓷为"北宋钧州所造"的表述，蓝浦的《景德镇陶录》又指出："亦宋初所烧，出钧台。钧台宋亦称钧州，即今河南之禹州也。""钧台宋亦称钧州"，提法错矣，因宋无钧州，此说不可信。《陶录》又云"宋均之均通作钧，以其出钧台也"，"均台"，监狱也，前文已否定。"出钧台"不成立。

明人把钧窑与宋名窑相提并论，至清末文人笔下一转为"北宋烧造"，延至民国多以宋钧呼之。但都没有实据可循。

（3）钧台窑遗址发掘不足为证，对此，提出五点疑问。

其一，多数学者在钧窑遗址考察后认为发掘面积不够，无法从整体的结构来落实所属时代。罗慧琪指出："长方形双火膛 1 号窑炉有双烟室存在，此窑炉结构与南宋以后烟室普遍低于窑室的结构相似于山东发现的金、元窑址结构；整个钧台窑址在比例上也相似于山东金、元窑址。"

其二，欧阳希君指出："至今不见 1975 年钧台窑遗址的正式发掘报告。简报特简单且表述隐瞒，考古地层学和类型学无法体现。出土的其他类瓷器，如影青瓷、天目瓷、白地黑花瓷均为金、元产品，不见北宋器物。"既然同在一个窑址出土，为什么只有钧瓷鉴定为宋代，其他瓷均为金、元呢？

其三，简报没交代地层关系，没有出土纪年实物为据。

其四，台湾罗慧琪比较分析各窑炉构造原理后，认为："所谓的'双乳状双火膛长方形窑'可能是判断失误之后所创的假想词，事实上并不存在这种窑，检视窑炉发展过程可发现，所谓'双乳状'局部的窑炉在宋代以后比比皆是，只不过它们不是火膛而是烟囱。"欧阳希君也认为："其实这种所谓的双乳状火膛窑，是发掘者在叠压的窑炉上未发掘完全而出现的倒置，将烟囱当成了火膛。"

其五，互相之间的不一致与矛盾。赵青云先生在 1994 年指出"双乳状火膛窑"对造成特殊还原焰以烧制海棠红、茄皮紫等陈设器之釉色有特别作用。1996 年李辉柄则认为圆形"单形窑"与方形"双火膛窑"都能烧出此类钧瓷。到了 2004 年阎夫立又附和赵青云说："这种孤例的双乳状火膛窑是北宋钧官窑中的典型钧窑，现传古钧窑器物多为这种方法烧造。"就现在神垕上百家大小钧瓷生产厂家，只要着色元素为铁、铜元素，在还原气氛中，不论长方形、方形或圆形，均能烧出各种紫色器物。

（4）关于"宣和元宝"问题

"宣和"是北宋徽宗年号，"北宋说"专家、学者拿"宣和元宝"作为重要证据欠妥。质疑如下：

其一，钱模原来是村民在 1964 年捡的，在什么地方捡的，没有说清，也没有旁证，已失去证据的意义。

其二，钱模雕刻字迹拙劣，且四个字刻法不一致，四个圆框外围不圆，内方不正，大小不一。

其三，一般著录上标准的"宣和元宝"四字是顺时针排列，而不是上下左右跳读。

其四，著录上的"宣和元宝"书写只有篆体、隶书两种，此两个钱模均为楷书，也不是宋徽宗赵佶的字体。

其五，钱模上的四个字非反书，这样制出的钱币即为"反字"。试问，谁的印章能刻成正字呢？

其六，2003年赵青云老师公布了"宣和元宝"钱模的背面，竟然是"崇宁年制"，虽然这也是宋徽宗年号，但历史上从无在一枚钱币上刻两个年号的。这样一个不伦不类、村民多年前在地表面拾捡的钱模怎能作为"北宋钧窑说"的证据呢！笔者有一疑问，是钱模还是钱范？两个概念不能混淆，河南文物交流中心赵文玺解释说："若是钱范，一定是正字；若是钱模，一定是反字。故此物应该是钱范。"原河南省文物商店收藏有

"北宋说"提供的"宣和元宝"钱范

"宣和元宝"钱币标本

汉代的钱范，都是正字。宋徽宗钱币有跳读的，如"宣和通宝""大观通宝""政和通宝""崇宁重宝"，但"宣和元宝"却没有。

（5）"奉华"铭钧瓷的问题

"奉华"铭钧瓷是"钧窑北宋说"的主要依据之一，始见于硅酸盐学会主编的《中国陶瓷史》，称："'奉华'铭钧瓷见有两例：一是底部刻'奉华'铭的传世钧瓷；一是1975年禹县神垕一个瓷厂调查钧台窑址时采集的1件'奉华'铭钧瓷出戟尊残底。"刘涛先生经过多方调查，

宋徽宗《听琴图》

从未查出"奉华"铭出戟尊残底公开发表的记述，而"奉华"传世钧瓷也未见公开。本书主编之一田培杰在禹州、神垕查看了多人收藏的钧台窑残器、胎骨、器底，从未见有"奉华"铭的器物。田培杰询问苗锡锦老师与阎夫立先生，他们也从未见过。2012年河南省文物考古研究所新出版的《禹州钧台窑》也不见此"奉华"铭出戟尊器底。此物珍藏于何处，成了一个待解的谜。一个没有公布于世人，多数研究者都未见其庐山真面目，虚无缥缈的记录怎能作为"北宋说"的依据呢？即使真有"奉华"铭的钧瓷残器，亦同样挽救不了"北宋说"破灭的命运。一般宫中陈设器多为皇帝赐配，然后在器物底部刻上殿堂铭文。据《中国陶瓷史》介绍，"奉华"出戟尊残底的刻铭，亦为烧前所刻。但"奉华"一词源自南宋高宗刘妃所居住的殿名。试问，北宋徽宗的钧官窑怎么能事先知道南宋高宗在杭州的宫中要盖"奉华"殿？故此物亦不能作为"北宋说"的依据。《宋史·舆服志》记载奉华堂为南宋高宗德寿宫的配殿，德寿宫在大内北望仙桥，绍兴三十二年所造。德寿宫名不见于北宋宫廷，奉华在德寿之内，自然也没延及北宋的可能。

对"奉华"铭钧瓷，欧阳希君在《论钧瓷的年代及性质》一文中提出六个疑问：

疑问一：1975年钧窑出土"奉华"铭出戟尊标本的出处为何出现两种不同的说法？

疑问二：钧窑出土这么重要的一件能证明钧窑年代及性质的"奉华"铭出戟尊标本，1975年钧窑发掘的简报为何只字不提？

疑问三：钧窑出土"奉华"铭出戟尊标本之大事在1982年相隔发掘时间7年后才提出，为何发掘者自始至终未提到这件所谓的"奉华"铭标本？

疑问四：为何至今"奉华"铭出戟尊钧瓷的照片从未见过？

疑问五：为何河南省博物馆未见"奉华"铭标本？河南省文物考古研究所也无此标本？

疑问六：北宋窑工能预先知道宋会南迁杭州并有"奉华宫"吗？不然怎么会有在烧窑前划刻的"奉华"铭出现在北宋窑址中？子虚乌有的"奉

华"铭出戟尊器底，自然不能作为证据。

（6）宋徽宗《听琴图》上的两件瓷器非钧瓷

《听琴图》中有一木几，木几上置一瓷器；抚琴者对面放有一石桌，桌上置一器物，"钧瓷北宋说"的学者说是钧瓷，并作为"北宋说"的证据之一。实际并非如此。2012年9月，中央电视台4频道《国宝档案》已作了介绍——是白瓷"行炉"。

"行炉"始于南北朝时期，佛教有一种修持为"行香"，即手持一香炉围着佛像绕行三圈、七圈或更多，因香炉既可以固定旋转使用，也可以手持行走使用，故称行炉。唐、宋时流行瓷质"行炉"。《大宋僧史略》记载，中国行香之制始于晋代道安法师。河南巩义市石窟寺壁画《皇帝礼佛图》中的礼佛人手持的即是"行炉"。《国宝档案》栏目在讲解《听琴图》时，又展示一幅宋代汴京城群众手持行炉参加"行香"的绘画，说明宋代"行炉"使用的普遍性。现存的"行炉"标本有磁州窑白地黑彩行炉、磁州窑白釉行炉、宋三彩行炉、福建德化窑白瓷行炉、耀州窑青瓷行炉、定窑黑釉白釉行炉、邢窑白釉行炉等。

郑州市管城回族区出土的青瓷行炉

《听琴图》木几上的白釉瓷薰炉行炉

《听琴图》石桌上的古鼎

关于《听琴图》中石几上的器物是什么瓷，至今网上还有人说是里蓝外红的钧瓷花盆。如果看到仿制的《听琴图》画轴，就不会这样说了。直观上看就是一个鼎。 故宫博物院研究员杨新在《〈听琴图〉里画的道士是谁》一文中这样陈述："道具除琴案之外，仅一几，几上置薰炉，香烟袅袅，主人公对面，设有小巧玲珑山石一块，上有一小古鼎，中插花枝一束。"杨新认为是插花，并非盆植花卉。

艺术品中国网2013年11月16日书画纵横栏目载文对北宋赵佶《听琴图》这样描述："画面背景简洁，如盖的青松和摇曳的绿竹衬托了庭园高雅脱俗的环境，而几案上香烟袅袅的薰炉，与玲珑石上栽植着异卉的古鼎，与幽雅琴声一道，营造一种清幽气氛。"

博宝艺术网上赏析宋徽宗名画《听琴图》的一篇文章如此描述："与缁衣人相对的空处，摆有一块奇石，上置铜鼎，内植花卉，与三位主要人物组成一个十分完整的四角空间，像是另一位尊贵的客人。"

鼎是商周青铜器的代表作，两耳三足，比喻三方面鼎力，也象征一个国家的实力。这个空间置一鼎有一种寓意，古代的鼎象征帝王，也指宰相，还比喻三公。宋徽宗画一鼎在自己对面，一是渴望国家鼎盛；二是寓意三方鼎力，"三方"即帝王（宋徽宗，黑衣者）、宰相（蔡京，红衣者）、重臣（童贯，绿衣者）。鼎在徽宗对面，比喻帝为鼎。

另有国外和国内一些学者认为《听琴图》实为抚琴图，标题与内容构图不相符。研究结果是，最初的《听琴图》在古松下面抚琴的乃是一女子，应是徽宗的嫔妃诺衣，左边小童侍候的听琴者是宋徽宗，右侧听琴者乃是徽宗的宠臣黄裳。

（7）发掘实物的鉴别与测试

1975年钧台窑的发掘和2004年制药厂基建时的发掘，均出土了大量的陈设瓷残器、坯胎和碎片，出戟尊花盆尤多。1987年笔者在一位老朋友家里看到1975年发掘的钧瓷碎片，大多是天蓝釉，有两块带红斑的，未见陈设瓷碎片，朋友认定是北宋民窑钧瓷，因为北京故宫博物院有这样的宋钧完整器。2004年制药厂建家属楼时，出土大量陈设瓷残器碎片，笔者在神垕多位朋友家中见过，有几块出戟尊下座边框，厚度有4厘米，还有纯玫瑰紫色的碎片，藏者也认为是北宋钧官窑的。笔者只是调查学习，疑虑自藏心中。

对此，欧阳希君质疑说："1975年发掘钧台窑简报中见不到地层叠压关系，据河南省文物考古研究所所长孙新民先生告知，2004年制药厂抢救性发掘时，窑址中均未见到'北宋钧窑和金钧、元钧地层相互叠压的关系'。"郑州市文物考古研究院院长顾万发看了禹州钧台窑钧瓷窑区灰坑叠压打破关系表后认为"可能是明代、元代或宋代"。

深圳郭学雷在答记者问时说："2006年年初，我们接受了一批自钧台窑遗址流散的'官钧'瓷器标本，大致有几千件，可修复的有160件以上，认真寻觅和期待的物证有：新修复的'方流鸡心扁壶'，是我们考古所所有的，具有断代意义的典型器形。'方流鸡心扁壶'的形制多见于明永乐、宣德时期的景德镇景窑，此钧窑瓷器与景德镇景窑瓷器造型相似，或与此时期宫廷作坊制作的金属器相似。一种造型制式，代表了那个时期的社会习惯和审美价值观。这个'方流鸡心扁壶'应是明代的，因为景德镇鸡心扁壶底有明代铭文，不可能是宋代的。"

上海陈克伦先生于2005年9、10月间，将一批钧台窑出土的钧瓷标本，用先进的前剂量饱和指数测定瓷器热释光年代技术进行年代测定，结果是：

其一，钧台窑陈设用花盆残片，天青釉，乳浊，红褐胎，极厚，热释光年代测定数据为：距今660年，其时代在1340年左右，为元代后期，加上误差，最晚应该可以延及明代早期。

其二，钧台窑陈设用莲花式盆托残片，包括一部分器壁和一部分圈足及底部，外侧施玫瑰紫釉，内侧施天青釉，乳浊，浅黄色胎，较厚，底釉酱色，圈足内侧可见四个支烧痕，具备钧台窑的典型特征，热释光年代测定数据为：距今630年，其时代在1370年左右，也应该是明代早期产品。

其三，钧窑瓷圈足残片，包括一部分器壁和一部分圈足及底部，器物内外及圈足内均施月白釉，釉质乳浊，浅灰色胎，具备金代钧窑碗的典型特征。热释光年代测定数据为730年，其时代在1270年左右，应该是蒙古时代末年或元代早期作品。

其四，钧瓷圈足碗残片，包括几乎全部底足，器物内底施较厚天青釉，器外与圈足相连的腹部及圈足内外均无釉，露胎，胎灰色，质略粗，圈足厚，外侧稍撇，足底平，外沿斜削。其胎、釉、造型特征与常见的元钧瓷碗完全一致。热释光测定数据为距今722年，其时代在1280年左右，应该是元代早期的产品。

继而，在河南省考古研究所孙新民先生的支持下，又对2004年钧台窑发掘中出土的数十件不同标本进行了热释光测定，其年代趋势与上述标本基本一致，即陈设类钧瓷标本的年代比典型的金代、元代钧瓷标本的年代平均晚100年，最早也不会超过元代晚期至明代早期，结合当时历史背景，其陈设瓷烧制年代应为明代早期，器皿型钧瓷应为金、元时期。

（8）唐花瓷不是唐钧，所谓"唐钧"与钧瓷无继承关系

河南唐花瓷的主要产地是鲁山段店窑和郏县黄道窑。最早记载花瓷的是《羯鼓录》，该书由唐代贤相宋璟撰写，主要内容是宋璟与唐玄宗谈论鼓的事情，其中有"与上论鼓事，曰'不是青州石末，即是鲁山花瓷'"。鲁山花瓷腰鼓残器与碎片在河南多处窑址均有出土。

就直观视觉感，唐花瓷与钧瓷就是两码事，一是黑釉面，一是天青釉面，没有相似之处。花瓷是窑工用含铁量较高的黑釉土作为釉料（从出土标本看，也有月白和类天青釉面的），人为点上人工配制的斑釉，在氧化或弱还原气氛中烧成。钧瓷则是以铁和铜两种元素为着色剂配成釉料，在还原气氛中烧成。如此不同成分、不同烧制工艺、不同釉面效果，花瓷与钧瓷既不谐音又不同义，应该是分别源自不同的体系。

同时，1951年陈万里先生就指出"唐钧说"仅是一个推论，问题在于它缺乏考古材料的支持。随后，叶喆民先生、李辉柄先生、赵青云先生、秦大树先生等都否定"唐钧说"。

李辉柄在《汝窑遗址的发现与探讨》一文中指出："唐钧是唐初至唐末的一段时间，而宋钧是北宋晚期，中间不见花瓷生产，也看不到从唐代花瓷演变到宋钧的过程。"

2002年，秦大树先生在神垕镇于沟村大白堰窑址，发现了唐花瓷和早期钧窑的地层叠压剖面，两地层间竟间隔两米厚的自然土层，可见二者有

相当长时间的间隔。因此，他认为从唐花瓷发展到早期钧窑的观点是不正确的。

1998年，李知宴在《关于钧窑几个问题的探讨》一文中也从多层次、多角度审视而否定了花瓷与钧窑的关系。

（9）"花石纲"和"艮岳"与钧瓷无任何关系

对此问题，罗慧琪在《传世钧窑器的时代问题》一文中提出："从《河南禹县钧台窑址的发掘》简报中，我们不难发现这样一个问题，即发掘者并未站在考古学者的立场看待事物本身，而是以既成观念去解释本应完全中立的出土物，用发掘出土的器物去套未加核实文献中的'北宋官钧'。故其所得结论自然不会公允。再用也许不正确的既有观点去套文献，以期巩固这些观点辅助其得出的结论。该简报进而变成了'钧窑为北宋钧窑'说法的临门一脚，企图将自清以来的学说推上高峰，并画下句号，笔者认为用花石纲、艮岳去佐证钧窑的性质与年代很牵强，只能是一种无知的推演。" 中华民族尚青，特别崇尚自然的"天青"色。陈德富在《论中国瓷器的崇玉传统》一文中指出："宋徽宗所崇尚的色彩为自然之'天青'，追求的是'玉青'色调，所用瓷器为汝窑产品，这与中国人传统的尚玉情结有关。两宋时期是儒学发展的又一个高峰期，形成了新的儒学流派——程朱理学。维护和强调从孔孟以来历代儒学的纲常名教是此学派与其他学派一致的，尊古、崇古、仿古之风强劲，且成为皇帝诏令、国家制度。"笔者认为艺术修养精深的徽宗皇帝怎么也不会去选择红紫色的陈设器物——钧瓷，就像"文化大革命"以前工人干部都是一身蓝色工作服或蓝色军干服，谁若穿一件红色夹克，不被世人当怪物也得当成疯子，说不定还会划成坏分子呢。李民举在《陈设类钧窑瓷器年代考辨——兼论钧台窑的年代问题》一文中说："翻遍了宋、元有关文献，结果始终未能发现'花石纲'事件与钧窑有什么关系。'艮岳'完工以后，阳翟名士曹组应诏，作文记颂'艮岳'的奇花异石，内容非常详尽，但未提到阳翟为宫廷烧制花盆之属。这是不可思议的。总之，根据宋代修建'艮岳'及'花石纲'的史实，来推断钧窑时代的方法是建立在凭空想象基础上的，并没有具体文献依据，实难让人接受。"秦大树、王晓军在《记一组早期钧窑瓷器及相关问题探讨》一文中也认为国内一些人在并无实证根据情况下，将陈设类钧瓷与宋徽宗时期"花石纲"和"艮岳"的兴建相联系，几乎成了笑柄。

现在看来，陈设类钧瓷怎么也与宋徽宗扯不上一点儿边。

（10）陈设钧瓷与宋代道教格格不入

本书主编之一田培杰只是一民间钧瓷爱好者，自1994年后开始研究道教的养生，对宋徽宗沉迷于道教、耽误朝政的故事略知一二，当时就认为红色钧瓷出现在宋徽宗官窑中是不可能的。宋代朝野民众多信奉道教，宋真宗、宋徽宗都是顶级的道教徒，真宗圣号——太上开天执符御历含真体道玉皇大天帝，徽宗圣号——太上开天执符御历含真体道昊天玉皇上帝，教主给皇帝这样崇高的头衔，皇帝自然应自觉遵守道规。道教崇尚青色，道巾、道袍一般为青色、蓝色，象征天色和东方青阳之气。

如《中国历代名道》第441页记有林灵素政和六年见宋徽宗时的场景："徽宗在见林灵素之前做了一个梦，梦见二神人直奔寝宫，将他带上天去见一青衣神人，正待高人解析。"宋徽宗初见林灵素的直观感是："通天冠下，黑发齐肩，青道袍中，身材修长，确实气度不凡，此时，徽宗猛然想起一年前大病初愈，蒙眬中梦游天宫，路见一个道士年近四十，黄冠青袍，方脸大耳，骑一青牛，扬鞭称他万岁，此时一见林灵素，似觉与那梦中骑青牛者十分相像。"这段陈述提到青衣、青袍、青牛，可知，只有道教才崇尚此青色。

《宋史·林灵素传》记载，宋徽宗静心专注听林灵素胡吹乱弹一番，宋徽宗听后精神为之一振，当时就给他赐字"灵素"，赐号"通真达灵先生"，下令为他建"通真宫"，享受中大夫（正四品）待遇，并特赐金牌，可随时往来皇宫。从此，一个至高无上的天子宋徽宗竟成了最虔诚的道教徒。据《文献通考》卷227记载：政和八年（1118）四月，林灵素上奏准行，焚毁了佛教经典六千余卷，鼓励儒生学道，以图儒道合而为一。据《皇宋通鉴长编记事本末》记载：重和元年十二月，对道士的穿戴装饰像官吏一样作了详细规定。宣和元年（1119），改佛教为"大觉金仙"，和尚改称"德士"，管僧人的机构为"德士司"，隶属道教的"道德院"，强迫佛教归属于道教。林灵素俨然是一个实权在握的太上皇。据《九朝编年备要》记载，当时的国家大事要经林灵素上达"天廷"，请"玉帝"批准后才能施行。

据《宋史记事本末》卷51记载，重和元年中发生了一件怪事。宫女们报告：每天黄昏，见一黄衣老妇（道教初始崇尚黄色），手抱一个穿红袍、系玉带的小儿，面色悲戚，乘车而去。阴阳家们认为这是不祥之兆，红袍小儿预示着新君将立，新君即位就要悲伤地离开皇宫，继而家破人亡。宋徽宗听了惊恐万状，速召林灵素驱邪镇妖。宋徽宗视红色为妖，红色是家破人亡的先兆。他怎么可能在宫中陈设红、紫釉色的钧瓷呢？他怎么会不顾天神崇尚青色的道规去建钧官窑烧制红色钧瓷呢？就凭这一点，即可否定"宋徽宗官钧说"。

李民举先生在《官钧年代新说的提出》一文中指出："首先从宋朝的文化背景上，钧瓷不可能为皇家所用。在宋代，皇帝和大众信奉道教，整个社会以青、白为尚，所以宋代瓷器釉色基本都是青、白，汝、官、定、哥、龙泉等无一例外。钧瓷以红、蓝为主色调，五彩缤纷，这为当时社会所不容。从文化上讲，如果玫瑰红钧瓷出现在北宋，就像'红烧猪排'出现在穆斯林宴会上一样荒唐。"

第二章　金、元器皿类钧瓷

钧瓷始烧于金大定二十四年以后，因钧州而得名，到了元代有所发展与扩大，以钧州为发源地，逐步扩展到汝州、登封、新密、新安、鹤壁、浚县、淇县等十几个州县，又跨省传播到河北、山西、内蒙古。现在已发现有钧瓷出土的共有4省12县市。元代隐士张克己撰写的神垕《柏灵庙记》碑文记载："所居之民，皆烧造，乃所谓凝土状为器者，其所由来远矣。是镇金国末年最为繁盛，人稠物充，几有万室，市井骈阗（充满），不减城邑。逮壬辰兵烬，百不存一。"这应是神垕烧制陶瓷在元代以前的一个证据。

一个新品种的诞生，大多在瓷业的繁荣之时。"壬辰兵烬"指的是金朝末年哀宗天兴元年（1232）与大元兵在钧州的三峰山决战。《金史》卷十七《哀宗本纪上》记载："天兴元年春正月，丁酉，大雪。大元兵及两省军战钧州之三峰山，两省军大溃。合达、陈和尚、杨沃衍走钧州，城破皆死之。枢密副使蒲阿就执，寻亦死。武仙走密县。自是，兵不复振。"金国被大元灭亡之后，忽必烈统一了北方，陶瓷业又有新的发展，重启繁荣。

民国时期的《禹县志》卷三《山志》中记有元代至元二十三年冯亨等人在柏灵翁庙新立石碑的内容："……埏埴以为器，早作夕辍，不胜劳苦，夜食仰于斯，赋役仰于斯，人事凡百，皆取用于斯，日就月将，久乃底绩。逮夫窑开之日，官取什（十）一之税，或出卖于他主，复以起税税之。至元十九年，敬奉宣慰使司札付窑货客人，起税三十分取一为率，至元二十二年，又准□□使州榜之，仍革起税重税之弊。此乡之民，受惠良多，斯不亦更张之善政乎？"立此碑文，实际在张扬金、元在发展瓷业上的税务政策。

钧瓷以器皿类居多，器皿类钧瓷多以单一的月白、天青、天蓝为主，少数器物以铜元素为彩，在青釉器面上用毛笔点斑，或随意画上抽象图案。红紫斑图案给人以想象空间。

器皿形状以碗居多，北京、台北的博物馆以及河南博物院所收藏的器皿类钧瓷绝大多数是元代河南各瓷窑所产。

另有盘、瓶、炉之类，在神垕很多古瓷店铺或私人家中都能见到此类

残器或碎片。不过，几乎所有人都把它们称为宋代民窑钧瓷。社会上，以及搞鉴定的专业人士和民间自学成才的人，都把器皿型钧瓷认定为宋民窑，把陈设类钧瓷认定为宋官窑。

我们已经在第一章通过专家、学者对钧台窑及神垕几个窑址的发掘分析，基本否定"钧窑北宋说"，正式确定钧窑始烧于金、盛于元的结论。以下作进一步补充说明。

一、金、元纪年墓葬发掘

诸多专家对墓葬出土钧瓷进行过鉴定，未见一件北宋钧瓷；又对纪年墓葬出土物进行排对，也不见北宋钧瓷。实例如下：

1.大同市文物陈列馆展示有在大同出土的钧瓷碗、碟、炉、罐、瓶等11件，标示为元代至元二年（1265）于冯道真墓葬出土。据此，余佩瑾认为故宫藏品及部分传世或出土的钧瓷器物应属于元代。

2.洛阳市第二文物工作队在1992年发掘的洛阳邙山壁画墓出土的钧瓷盖罐，通过类型学排列比较后得出结论，年代多为元代。2004年，秦大树先生也认为自己"曾断此墓为北宋有失偏颇……邙山墓的时代应在金早中期，约大定年间以前"。

3.元代至元二十二年（1285）耶律铸墓出土了一件青白瓷长颈玉壶春瓶。

4.1976年北京海淀区元代墓出土一件龙泉窑凸花海水云龙纹瓶。

5.1964年河南省文物工作队在《河南省鹤壁集瓷窑遗址发掘简报》中指出："宋代地层不见这类瓶（指长颈玉壶春瓶）出土。此后的1978年，鹤壁市博物馆再次进行发掘，进一步揭示了该窑的地层关系，第一至三期的唐至宋文化层不见这类玉壶春瓶出土，（玉壶春瓶）只出现在第四期的金代地层中，因此，从窑址地层关系和墓葬纪年得出结果：'长颈玉壶春瓶'年代定为元代或移至金代。"

6.根据以上结果，某专家原定为北宋非纪年墓的北京海淀区墓出土的"玉壶春瓶"也应该是元代或金代的产品。

7.河南延津金代吴起城发掘出土了大量的钧窑瓷和青釉瓷，代表了金代钧瓷的最高水准，这里仍不见宋代器物。

8.元代李佰宥石棺、辽宁省凌源富家屯元墓、河北赵县元墓均有钧瓷出土，而考古工作者从未在宋代墓中发现钧瓷，因此就有人臆造出宋徽宗下旨"钧不随葬"的童话。

二、元代窖藏钧瓷出土

1.欧阳希君根据纪年墓出土钧瓷的特征，认定河南方城窖藏的钧瓷盘、碗、钵、杯、碟等共42件钧瓷为金、元流行款式；长葛石固窖藏出土的碗、钵、盘多件钧瓷，实为金、元时期产品。

2.上世纪50年代禹县修白沙水库时发掘一批墓葬、文化遗址和窖藏，时代定为北宋。在其中一个窖藏中出土一件钧瓷菊瓣大海碗、两件钧瓷中号碗、八件钧瓷矮足平底盘。钧瓷菊瓣大海碗胎体较薄，釉色为淡天蓝色；中号碗釉色偏蓝，为湛蓝的天青釉；各类盘子的釉色有天蓝的和乳浊状灰青色的。所有器物均胎薄致密，灰色胎手感极好，从工艺角度观察，相当成熟。欧阳希君通过研究、对比、分析，认为其窖藏时代应为金。

3.江西高安元代窖藏出土的钧瓷碗和青花瓷器，年代最晚不致晚过14世纪中期。

三、海下考古钧瓷出土

1.金、元说

20世纪70年代在韩国新安水域发现的沉船出土了钧釉花器、花觚、青釉花盆、青瓷尊、青瓷水承等瓷器。专家们对比分析后认为，该沉船瓷器应为1323年左右，应是元代中晚期。此定年是参考日本龟井明德所撰写的《日本贸易陶瓷史的研究》一文，主要依据是遗物中留存着用墨写的"至治三年"的木简，"至治"是元英宗年号，因此，定为金、元时代。

2.新安海下考古出土钧瓷明初说

韩国新安沉船出土有90多件钧瓷，除器皿型外，有鼓钉洗和花觚。根据蒙古人挥鞭射箭的生活习性，不可能倡导舞文弄墨的瓷器笔洗，多年来，笔者一直在查询有关沉船的相关资料。

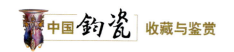

（1）日本汪义正的明初说

日本汪义正在《历史研究》发表论文《新安沉船的历史意义与沈万三通番说》指出，依据韩国公布的新安沉船复原图纸，船总长约34米，船宽最大为11米，载重约200吨，是一艘双桅的海船。宋元史料中没有此种船的记载，应是典型的明代福船的类型。

（2）明代张燮在所著《东西洋考》一书中记述："舟大者，广可三丈五六尺，长十余丈。小者，广二丈，长七八丈。"经过换算，最大规格的船宽为10.9米，长为33.33米，这个尺寸与新安沉船规格一致，由此推断，新安沉船应是明代的。

（3）1974年，福建泉州湾打捞出一艘沉船，当时有专家认为是宋代的。后来，复原后的船体总长为34米，船宽为9米多，与新安沉船尺寸不谋而合，故新安沉船应是明代三令五申禁止出海的双桅福船。

（4）据茅元仪所著《武备志》一书记述，海上船路一般是按海流的自然规律来测定的，因此，海船出海必须先向朝鲜半岛南端方向行驶，然后再拐向日本博多（今福冈）方向。此双桅福船可能遇风浪沉没，具体位置应是群山岛一带（今光州海外）。

由以上推断，新安沉船应是明代初年驶往日本的海船，出土的陈设钧瓷也应是明初的。

四、金、元钧瓷之特征

关于金、元钧瓷的特征主要依赖台湾余佩瑾的论述和标示，她在1999年出版的《故宫藏瓷大系·钧窑之部》中的图版作了重新标示，作者在《钧窑研究的回顾与展望》一文中指出："本文作者在整理故宫收藏的钧瓷过程中，尝试结合田野考古资料，有别于本院以往出版品，重新给予院藏传世钧瓷一个定位。"器皿型钧瓷原标为宋的改为元，陈设类的钧瓷不标年代。如果是2006年深圳研讨会以后出书，她会毫不犹豫地标上明代。

台湾秦孝仪在《故宫藏瓷大系·钧窑之部》序中指出："将院藏瓷器分门别类，汇整研析，由院中长期摩挲董理之同人简要论述，复以大幅彩色影印，供海内外精鉴。凡昔称之定、汝、官、钧、龙泉等历代瞻慕之名窑，以及永宣青花、成化斗彩，以至清初珐琅彩等艺苑秘宝，庶几皆有图录、诠释足资按索，并于兹树一法度准绳耳。"既是法度，学习者更应遵之，何况该书图版是"本院瓷器收藏，夥颐二万四千余事（件），多传自清室内府珍秘，亦宋、元以来文人品评名瓷佳器之总和"。从万件珍品中挑选鉴别，最终选出钧瓷 109 件，这种科学、认真、负责的态度为《故宫藏瓷大系·钧窑之部》增加了正确性和可信度。就台北"故宫博物院"收藏的碗、盘为例，胎釉及施釉工艺各不相同。具体鉴别如下：

1.钧瓷天青碗，碗壁浑圆，施釉至足际，圈足外壁可见一道垂釉边，足底缘修饰端正，其特征与钧台窑址所出之瓷碗相似，也与河南方城窖藏与长葛石固窖藏相似。

2.钧瓷天蓝碗，弧壁浑圆，釉面带紫斑，敛圆口，弧壁斜直，施釉至足际，瓷碗与1265年冯道真（元代著名道士）墓葬出土碗相似。

3.钧瓷天青紫斑碗，外底中心微突，施釉至足际，外底随意罩施一滴釉药。这类碗的形制与 1294 年李佰宥墓葬出土的钧瓷相似，另有凌源富家屯元代墓葬、河北赵县宋村元代墓葬均有天青釉面散饰红斑装饰的手法。

4.另有一类碗施釉不到底，圈足内无釉，部分外底中心凸起一尖点，施釉更趋草率，圈足加大，此种圈足之内局部施釉或圈足内加一滴釉药，应是从以上三种演变而来的。无论是否施釉，底心凸起为元钧的特色之一，也是鉴赏家区分元钧与所谓宋钧的唯一特征，此碗与1311年山西元代墓葬出土碗相似。

5.钧瓷月白盘，施釉至足际，足边釉厚，垂若蜡泪，盘底满釉，支钉烧。这种精制的月白盘与长葛石固窖藏和神垕窑址出土的器物相似。

6.天蓝圆盘，盘外釉汁仅及盘壁的三分之二，盘壁下缘近底处及盘底皆不挂釉，其中部分作品底釉墨书"兀术赤王"的文字。此特色与山东淄博元代窖藏的月白釉钧瓷浅腹盘相似。淄博出土的钧瓷盘外挂半釉，圈足内完全露胎，有4件作品圈足底亦出现墨书的八思巴文，这些作品应出自元代晚期。

7.满釉支烧器物

台北"故宫博物院"珍藏的天青圆洗、天青单把洗、粉青葵花式单把洗、天青海棠式碟、粉青圆盘、天蓝紫斑圆盘，皆是以满釉支烧法烧制，支痕形状较圆，尺寸稍大，因釉液较浓，支钉蘸黏的釉汁较多，在拔掉时易于在周缘形成断釉痕，支痕排列整齐，与汝瓷细小的芝麻钉迥异，这些作品与北京通州金代墓葬出土的天青单把洗相似，应认定为金代产品。

器皿类钧瓷属金、元时期的产品，从珍藏和出土器物特征分析，深刻地反映出一股北方的民间品位和蒙古人的生活习性。凡此器皿钧瓷均可定为金、元时期器物。以上评赏分类，主要参考台湾余佩瑾编写的《钧窑研究的回顾与展望》一文。

五、附图

图1 ▌ 金、元，钧窑天青洗。高5.8厘米，口径18.1厘米，底径9.7厘米。此件作品形制、釉色及口沿棱边的作法，皆雷同于河南禹州钧台窑出土文物。

图2 ▌ 金、元，钧窑天青单把洗。高6厘米，口径17.4厘米，底径7.9厘米。

图3 ▎ 金、元，钧窑天青葵花式单把洗。高5.4厘米，口径17.1厘米，底径7.1厘米。

图4 ▎ 金、元，钧窑月白盘。高6厘米，口径24.8厘米，底径15厘米。

图5 ┃ 元，钧窑天青盏。高6厘米，口径 10.6厘米，足径5.3厘米。

图6 ┃ 元，钧窑天青盏。高9.3厘米，口径 13.5厘米，足径6.2厘米。

图7 ｜ 元，钧窑粉青莲花式碗。高11.9厘米，口径22.7厘米，足径7.1厘米。

图7 ｜ 元，钧窑粉青碗。高8.3厘米，口径19.6厘米，足径6厘米。

图9 ┃ 元，钧窑天蓝碗。高10厘米，口径 22.5厘米。

图10 ┃ 元，钧窑天青碗。高8.5厘米，口径 15.3厘米，足径5厘米。

图11 元，钧窑月白碗。高8.2厘米，口径
18.8厘米，足径6厘米。

图12 元，钧窑天青紫斑碗。高8.9厘米，
口径15厘米，足径4.6厘米。

图13 元，钧窑天蓝碗。高7.5厘米，口径18.5厘米，足径5.5厘米。

图14 元，钧窑天蓝碗。高10厘米，口径23.1厘米，足径6.7厘米。

图15 元，钧窑天蓝碗。高7.9厘米，口径18厘米，足径5.3厘米。

图16 元，钧窑天蓝碗。高8.1厘米，口径18.3厘米，足径5.6厘米。

图17 元，钧窑粉青圆碟。高2.7厘米，口径15.2厘米，足径5.2厘米。

图18 元，钧窑天蓝圆盘。高3.6厘米，口径17.3厘米，足径5.8厘米。

图19　元，钧窑月白紫斑双耳罐。高11.7厘米，口径10.7厘米，足径6.7厘米。

图20　元，钧窑天蓝弦纹三足炉。高8.6厘米，口径11厘米，足径8厘米。

图21 元，钧窑天蓝紫斑如意枕。
高13.4厘米，面最长30.8厘
米，底最长28厘米，底最宽
19厘米。

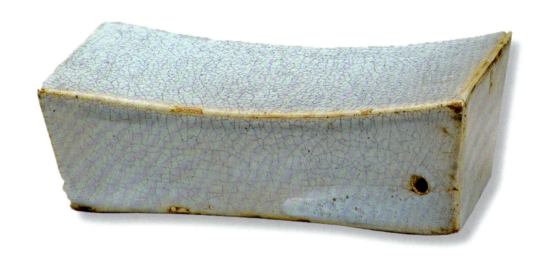

图22 元，钧窑天蓝长方枕。高12.3厘
米，面长37.5厘米，宽17.5厘米，底
长33.8厘米，宽13.9厘米。

图23　元，钧窑天蓝盘，高6厘米，口径27厘米，1978年长葛县石固窖藏出土。

图24　元，钧窑月白碗，高10.6厘米，口径22.1厘米。1925年鄢陵县出土。

图25 ▌ 元，钧窑天蓝玫瑰紫斑菱花盘，口
径19.5厘米。

图26 ▌ 金、元，钧窑月白洗，高7厘米，口
径17厘米。

图27　元，钧窑天蓝釉三足炉。高13厘米，口径14.3厘米。1963年禹县黄庄出土。

图28　金、元，钧窑月白釉圆洗。高3.1厘米，口径19.8厘米。1925年鄢陵县出土。

图29　元，钧窑天蓝釉碗。高7.3厘米，口径18.7厘米。1993年登封高埠街出土。

图30　元，钧窑天蓝釉紫斑碗。高8.5厘米，口径19.7厘米。1993年登封高埠街出土。

第三章 明代『钧官窑』陈设瓷

一、关于"钧官窑"性质的争论

1.2005年12月6日，在中国禹州钧窑学术研讨会上，有专家在总结发言时，把北京故宫博物院珍藏的陈设类钧瓷命名为宋代"钧官窑"："……由于中国重儒轻艺的传统，钧瓷烧造工艺不见于文献、史料是十分正常的。又由于钧瓷是官窑，产品直供皇宫，需要则存，不需则废，没有元、明两代文化层叠压，亦不见于同时期民间墓葬。判断钧瓷起源于北宋，主要是它精美、典雅、含蓄、明净的艺术风格是宋代特有的时代风尚。1974年钧台窑遗址发现的钧瓷标本和故宫传世宋钧高度一致，因此，被判定为宋钧官窑遗址。"

晋佩章先生在《中国钧瓷艺术》一书中对钧瓷的直观艺术效果如此概括："造型古朴，端庄静穆，乳浊浑厚，莹润如玉；釉色丰富多彩，纹饰繁多，如梦如幻，窑变意境，如诗如画。这种特点赋予钧瓷无限的魅力。故而才有民间谚语：家有万贯不如钧瓷一件。"笔者认为，这种艺术风格实与宋代清秀淡雅的艺术特征格格不入，更不具备北宋的时代神韵。会议对钧瓷艺术风格的四点评赏也与事实不符。

在2006年深圳"官钧"学术会上，吕成龙先生虽孤军论辩仍然力挺宫廷传世钧瓷属于北宋的

方流鸡心扁壶

观点："专家们判断钧瓷起源于北宋，主要原因之一就是它精美、典雅、含蓄、明净的艺术风格是宋代特有的时代风尚。"8个字的概念性定论并非钧瓷之艺术特征。

2.2006年11月，在中国深圳"官钧"瓷器学术研讨会上，深圳方将有偿捐赠的160件禹州钧台窑的"官钧"瓷器标本进行展示。然后请参会专家进行分析研究，大家一致认为这些所谓的北宋"官钧"实为明代产品。其中一件"方流鸡心扁壶"为学术研究提供了有力佐证。深圳文物考古鉴

定所所长任志录正式宣布了"官钧明代说"的研究成果，"官钧"瓷器的生产时间为明代永乐宣德年间。此结论受到与会专家、学者和领导们的肯定与支持，他们是：河南文物考古研究所所长、研究员孙新民先生，上海市博物馆研究员、中国古陶瓷学会理事陆明华先生，上海市博物馆副馆长、研究员陈克伦先生，景德镇陶瓷考古研究所名誉所长刘新园先生，北京故宫博物院研究员冯小琦先生，北京大学博士李民举先生，北京大学考古学博士、文博学院教授秦大树先生，南京博物院研究员、中国古陶瓷学会副会长张浦生先生。

关于陈设瓷的断代，早在1974年，英国大卫德基金会中国瓷器博物馆原馆长玛格丽特·梅德利研究员就对钧瓷作出了详尽考证，提出为金、元时期，她的理论已被欧洲考古学界的专家学者普遍接受。她认为中国少数专家把北京故宫的"官钧定为北宋造是中国专家在系统地做伪证，是为了彰显中国古代文明成果"，还说："没有人否认中国是个文明古国，你们的祖先是陶瓷发明者，没必要在'官钧'问题上不诚实。"

笔者认为有争论总比一言堂好。

二、"官钧明代说"提出后钧瓷身价倍增

深圳"官钧"瓷器学术研讨会的结论显然撼动了"官钧"瓷器北宋说的学术地位，它对拍卖市场的影响也是巨大的，或是彻底的，这个效应在民间收藏界逐步蔓延和扩散，使有的收藏古钧瓷的爱好者产生忧虑和担心："明代说"取代"北宋说"，使钧瓷出现时间推后了300多年，会不会影响收藏市场上钧瓷的价格？人们手中握有的此类钧瓷会不会贬值？

深圳文物考古鉴定所副所长郭学雷对记者说："官钧"瓷器目前市场价格每件大概都在二三百万左右，实际上陶瓷市场价值的高低主要受器物本身的工艺精细程度和艺术价值的制约，烧制年代对陶瓷价格影响幅度不大。"官钧明代说"提出后，"官钧"瓷器市场价格不但不会下降，反而会上升。

果真如此吗？请看如下事实：

1.2006年7月，伦敦苏富比一件标示宋代的钧窑仿古尊以1269000元人

民币成交。

两年之后的2008年，美国苏富比专家开始认同"官钧"瓷器"明代说"，拍卖现场上的钧瓷，已明确以"明代"作为年代标示。资本市场终于接受了这个历史事实。

2.1985年5月21日，香港苏富比一件标示宋钧的天蓝釉仰钟式花盆，高22厘米，口径28.8厘米，底数二，上拍编号6，出自戴福保基金会，成交价为100万～150万港元。2008年4月1日香港苏富比（乐山堂）收藏专拍，编号2505，标识15世纪明代初年，底数二，成交价为4527万港元，是原成交价的近40倍，为当时钧瓷陈设花器拍卖价格最高者。

3.1996年11月5日，香港苏富比上拍北宋钧窑玫瑰紫蓝釉葵花式花盆，口径 27厘米，底数三，预估价80万～120万港元，成交价为150万港元。2008年3月18日，纽约苏富比上拍，标识为明代早期，上拍编号91，估价35万～45万美元。最后成交价为46.9万美元。若当时港元与美元比值为9∶1的话，应该是4221000港元，是原来的2.8倍。

4.1985 年香港苏富比春拍，一件标明北宋的钧窑天青釉仰钟式花盆估价21 万港元。

2008年4月9日香港苏富比春拍，还是此花盆，标明元末明初，估价100万港元，是原价的4.76倍。

5.1993年10月25日，香港佳士得拍卖公司上拍北宋钧窑器鼓钉洗，外紫红釉，内天蓝釉，口径19.7厘米，底数四，估价35万～45万港元，成交价为123万港元。2008年3月18日纽约苏富比（德馨书屋）收藏专辑上拍，年代标示为明代早期，估价40万～50万美元，成交价为86.98万美元，按港元与美元比值9∶1折算为7828200港元，是原成交价的6.36倍。

6.1993年10月25日，香港佳士得拍卖公司上拍北宋钧窑天蓝鼓钉水仙盆（鼓钉洗），口径20厘米，底数四，估价30万～40万港元，成交价为112万港元。2008 年3月18日，纽约苏富比（德馨书屋）收藏专辑上拍，编号100，年代标示为明代早期，估价30万～40万美元，成交价为82.5万美元。按港元与美元比值9∶1折算，应该是7425000 港元，是原成交价的6.6倍。

7.2008年5月27日，香港佳士得拍卖公司上拍元末明初钧窑玫瑰紫鼓钉三足洗，口径20.9厘米，底数五，上拍编号1837，估价120万～180万港元，成交价为503.15万港元。

除以上六件"官钧窑"陈设器回拍外，2006年以前还有一些钧窑陈设器以北宋钧官窑名义上拍，拍卖成交的有：

1970年10月12日，伦敦佳士得上拍13或14世纪钧窑三足水仙盆（鼓钉洗），成交价1995英镑。

1975年11月17日，伦敦苏富比上拍宋钧天蓝釉渣斗式花盆，底数八，高16厘米，编号6，成交价39600英镑。

1975年11月17日，伦敦苏富比上拍宋钧窑玫瑰紫鼓钉洗，底数五，成交价41800英镑。

1982年6月23日，纽约佳士得上拍元代末或明代早期天蓝釉六方花盆，成交价8270美元。

1982年6月28日，纽约佳士得上拍元代或明代早期钧窑天蓝鼓钉洗，成交价17600美元。

1985年5月21日，香港苏富比上拍宋钧天蓝玫瑰紫釉方形花盆与盆托，口沿损，成交价80万港元。

1985年5月21日，香港苏富比上拍宋钧玫瑰紫釉瓜棱式（葵花式）花盆，口宽19厘米，底号三，上拍编号62，器壁有裂痕，成交价44万港元。

2002年5月7日，香港苏富比上拍宋或元钧窑天蓝釉葵花式花盆和盆托，高22厘米，底数九，上拍编号520，成交价398万港元。

2003年3月26日，纽约佳士得上拍宋钧窑玫瑰紫葵花式盆托，横长21.1厘米，上拍编号227，成交价164300美元。

2005年3月30日，纽约佳士得上拍宋、金钧窑玫瑰紫六边形三足洗（葵花盆托），口径21.5厘米，上拍编号328，成交价396800美元。

2005年11月14日，德国纳高上拍北宋钧窑月白釉鼓钉如意三足水仙盆，口径23.3厘米，上拍编号1005，成交价28000欧元。

以上看各拍卖公司年代标识，1970年上拍时就有标13或14世纪的，也有在1982年就标识元代或明代早期的，年代并没有影响价格。价格的飙升与社会发展和人们生活水平的提高有关，特别是中国经济持续发展，迎来一个繁荣富强的盛世，古陶瓷在不断地增值。

三、明"官钧"陈设瓷特征

陈设瓷仅指出戟尊、鼓钉洗（或称水仙盆）、花盆（或称花器）、盆托。

1.烧制工艺分粗放型与精致型

根据对北京故宫博物院和台北"故宫博物院"珍藏传世品与禹州钧台八挂洞窑址出土和禹州制药厂基建时出土"官钧"瓷器的直观分析，这些钧瓷明显可分为两类。一类胎体较薄，工艺比较精致；另一类胎体较厚，工艺较粗率。专家学者们因此将其分为精致型和粗放型；台湾余佩瑾、罗慧琪提出"祖型群"与"后仿群"的概念。1973～1974年发掘出土的"官钧"与所提"祖型群"（精致型）的特征相吻合；2004年制药厂发掘出土的"官钧"与所提"后仿群"（粗放型）的特征相吻合。深圳考古观察者认为：精致型应是在粗放型基础上改进发展而来的。粗放型支烧工艺采用密集的齿状支圈；精致型则改用较为稀疏的锯齿状支圈。粗放型的数字，大多刻于圈足内侧或云头足内侧，字体草率不工，位置无严格要求；精致型刻字、字体、位置、手法都非常考究，似已形成规范。

2.釉色丰富多彩

出戟尊有丁香紫、玫瑰紫、葡萄紫、外红里为天青。传世出戟尊造型在北京故宫博物院和台北"故宫博物院"存量都很少。

鼓钉洗有玫瑰红、葡萄紫、外红里蓝，外壁和内底有蚯蚓纹的，个别内底出现铁锈斑。

各类花盆款式有渣斗式花盆、仰钟式花盆、葵花式花盆、海棠式花盆、四方形花盆。釉色有钧红釉、玫瑰紫、丁香紫、葡萄紫、月白、天青、天蓝、窑变、外红里蓝，个别器面和器里有蚯蚓纹。

花盆尤多，除北京、台北两地有珍藏外，美国、英国的国家博物馆和私人收藏家也有收藏，数量不会少于北京故宫博物院。

四、传世"官钧"为啥会在外国人手里

陈重远在《古玩史话与鉴赏》中有这样的记述：民国初年的一个春节前夕，大总统袁世凯每年拨给皇宫的400万元奉银未能到账，皇宫没钱过年，那桐和徐世昌两位大臣奏请溥仪恩准，将宫中收藏的宋代成套钧瓷抵押给英国人开办的汇丰银行，这套钧瓷有20多套，器底刻有1～10的编码，传说是鼓钉洗和成套花盆。这些国宝抵押了几十万元，时间为半年，月息1分。半年过去了，袁大总统的奉银仍没到账，一年过去了，溥仪求助无门，只能是羞愧自责。在汇丰银行当买办的邓君翔将这些钧瓷倒手卖给了美国商人，美国商人又倒手卖给美国国家博物馆。那桐和徐世昌都感心中惭愧，天天诅咒邓君翔不得好死。知道这事儿的人也骂邓君翔卖国。有人说：此后，邓君翔光做噩梦，卧病在家，不久就默默地去见阎王了。后来，美国掀起中国钧瓷热。

五、明代"官钧说"的补充说明

1.北京市区地下出土的明代"官钧"瓷片

（1）2010年《文物天地》第三期上发表《从北京出土状况看官钧与明代社会关系》一文，从其标题即可知其内容。

（2）2005年夏天，北京市文物研究所发现并清理西城区毛家湾明代瓷片坑时，出土了14片官钧瓷片。发文者称："近二十年来，北京旧城区在清理清代以前地层中出土的宋代汝瓷、官瓷、哥瓷几乎是零，然而，官钧却频频出土。毛家湾瓷片坑和正阳门瓷片坑最有可能作为'明官钧说'的证据之一。"

毛家湾瓷片坑位于明代皇城西北隅，出土瓷片上限为唐代，下限至明代正德年间。而明代瓷片占出土各种瓷片总和的97.5%，出土瓷片除官钧14片外，还有明代景德镇官窑瓷片120片、明代龙泉官窑瓷片约30片。14片官钧中还有带有锔孔的，有使用过的痕迹，可知当时官钧的珍贵程度。然而，此坑中却没有宋代五大名瓷汝、官、哥、定的影子。官钧与宋代其他名窑之间似乎没什么联系，反而与明代初年的社会遗物关系密切。花盆

是被当作实用器物来看待的，应是"官钧明代说"的重要证据之一。

（3）北京正阳门瓷片坑

2008年年底，正阳门西侧工地施工，工程紧迫，官方没有介入考古发掘，挖掘的土方全送至南五环外的土场倒埋，一些瓷片爱好者跟踪抢捡了部分明代初期至明嘉靖时的官窑瓷片。此瓷片坑位于明代皇城的城墙内，应是皇宫倾倒的垃圾，瓷片多有明显的火烧痕，釉面严重失光，并粘有灰渣现象，分拣出的完好瓷片有明代龙泉官窑瓷片约100片，官钧3片，釉色为玫瑰紫釉和月白釉，与传世官钧特征一致。

北京的东城区和西城区出土"官钧"瓷片的情况是确切可靠的，东、西二城区是元代以后才兴起的城区，堆集层比较单纯清晰，只能是明代的。据《明史》记载：嘉靖三十六年（1557）故宫失火，烧毁故宫前三殿，奉天门、文武楼、午门也损毁惨重。这个瓷坑应是火灾后掩埋的垃圾坑。

为什么火灾中只有官钧与明代官窑日用瓷被烧毁，宋代名瓷却不见一片？这个很好解释。宋代器物属珍藏品，有特别保护。官钧属本朝生产，正在使用，它的功能是服务于皇宫日常生活，宋瓷以古物瑰宝的身份被珍藏，只供观赏或记录历史。这又是"明代官钧说"的证据之一。

（4）北京毛家湾出土器物横向联系对比

毛家湾瓷坑出土瓷片都是明景德镇官窑产品，有花盆62个、盆托29个，而官钧瓷片也多花器残片，说明当时明代的社会风尚是喜欢栽种花卉。实际上，明代的花道较之宋代的茶道更为普及。

2.明代绘画中的官钧陈设瓷

明代是陈设瓷的发生期，也可以说是始创期，这是以当时的社会环境与审美价值观为基础的。

陈设器应源起于明代。明代的建筑厅堂宽阔，宜设案几，置陈设瓷器于其上，以布置空间。明代中期以后，又兴起将大型瓷器置于地的风尚，遂有鱼缸、画桶、地瓶、坐墩等。随着经济的发展，文人学士、官宦富豪兴建书斋（书房）园林。苏州的园林庭院大概起于此时，书房除文房四宝外，要有瓷花尊、瓷笔洗、瓷花盆等，陈设瓷在明代一些绘画中经常可以看到，有的非常直观。

（1）明代无款记水墨画

该画石几上放着一个出戟尊和一个双耳炉，小童手中捧着一个花尊，与双耳炉一样没着色，属素胎，似表现烧制工艺，出戟尊仿佛是画的主题，这应是钧瓷陈设瓷创烧于明代的证据之一。

（2）从明代谢环的《杏园雅集图》和明代杜堇的《古贤诗意图》中都可以看到花盆和花尊（花觚）的陈设器。宋代绘画中则很少见，这又是钧瓷陈设器始于明代的证据之一。

明代，无名氏水墨画（选自台湾出版的《故宫藏瓷大系·钧瓷之部》）

明代花道像宋代的茶道一样是一种时尚。花道最盛在南京，《儒林外史》中如此描写南京："不论你走到一个僻巷里面，总有一个地方悬着灯笼卖茶，插着时鲜花朵，烹着上好的雨水。"有专家讲，花道发端于南京，始于"南朝四百八十寺"的佛前插花。明代的花道已进入世俗生活。钧瓷花盆、鼓钉洗（水仙盆）、出戟尊也就应运而生。

《杏园雅集图》是明代画家谢环的代表作。谢环在明初洪武朝已负盛

《杏园雅集图》局部（现存中国镇江博物馆）《杏园雅集图》局部

《杏园雅集图》局部（现存美国克利夫兰博物馆）《杏园雅集图》局部

名，永乐时召入宫中，宣德时加重奖，是明代宫廷画中的杰出代表，画中的瓷花具、餐具、茶酒具、陈设器、坐墩等，反映了明代瓷业的繁荣和瓷器用于花道的习俗。

《杏园雅集图》现存两个版本。一卷现存中国镇江博物馆，纵37厘米，横118.1厘米，绢本设色，此图绘大学士杨荣、杨士奇、杨溥及阁员5人，雅集在杨荣家的杏园中，宫廷画家谢环被邀参加，加上小童共24人之多。该画绘出杏园的环境风貌，临时设置的各类家具、游乐具、炊具、画具、茶具、酒具等。亭阁内一人执笔正欲作画，靠亭边案几上陈设青瓷长颈瓶、三足官瓷双耳炉，亭外一人正端着钧红釉笔洗去取水，竹林中另有4个官瓷坐墩。二卷现存美国克利夫兰博物馆，纵36厘米，横240.7厘米，绢本设色，题材相同，构图各异。除1卷的各种瓷器外，案几上有花盆、官瓷花囊壶。另一案几上有类似钧瓷出戟尊的插花、红釉瓷盖罐与笔筒，围棋盘上两个红釉瓷棋子盖罐，几旁有地瓷画桶，树两边各置1个圆坐凳。

（3）明代佚名《御花园赏玩图》，纵36厘米，横672.5厘米，绘于明成化年间。2012年，中国嘉德秋拍，成交价1817万元。此画内容主要描写明宪宗朱见深在御花园斗蟋蟀、斗鹌鹑、养鸟玩猫、弹琴下棋的清闲生活。各种瓷器摆放于亭台楼阁，最引人注目的是置于松树之下、石板之上的钧瓷花盆，植有花卉，两个钧红釉荷口式花盆，三个蓝钧釉仰钟式花盆，可谓钧瓷为明官窑所产的有力证据。另一处幽境金鱼池旁，有大盆景叠松如伞盖，两边各置天蓝或是霁蓝圆形水仙盆，疑似蓝钧，供读

《御花园赏玩图》局部　　　　　　　　《御花园赏玩图》局部

者研评。

（4）明代成化宫廷绘画《四季赏玩图》，也是描写明宪宗朱见深的清闲生活的。场景亦是御花园，宪宗和嫔妃、小王子一起赏花，亭中端坐的应是明宪宗，亭前放着三盆花卉，其中，两边蓝色、略小的花盆应为钧瓷仰钟式花盆。由此可知钧瓷在明代皇帝心目中的珍贵价值。另有木几上的花瓶插着刚采摘的鲜花，侍立玉阶下的红衣小童正准备送上另一瓶插花，花园内另一红衣小童正将插着鲜花的花瓶献给王妃。三个花瓶均为单

《四季赏玩图》局部

色瓷，究竟是什么瓷有待研究。

（5）明永乐画家沈贞绘画《明代兰草钧瓷花盆博古图》，画卷上画一个钧红釉莲口式花盆，下有盆托。盆中植兰花，上有五个人的题跋。

沈贞，江苏苏州人，生于永乐年间，卒于成化年间，工诗词，善绘画，山水画尤妙，代表作有《秋林观瀑图》《竹炉山房图》。

《明代兰草钧瓷花盆博古图》以钧红釉花盆为主题，有西洋画之风格。入画的装饰品多为自家珍藏或当朝珍稀，进一步证明钧瓷产于明初的判定，应在洪武至成化年间，此画于2012年中国嘉德春拍会以16.5万元成交。

博古图是一种古老的绘画艺术，是专门描写古代器物形状的绘画，宋徽宗的《博古图》是最早的博古图，画的全部是宫中收藏的青铜器，目的是检索方便，后来，逐步演变成一种绘画体裁。到了明代中晚期，开始流行在器物中点缀上花卉草木，人们称其为花博古图。明代瓷器在生活中已占重要地位，收藏古瓷已成为文人雅士的嗜好。把自己喜欢的当朝瓷器

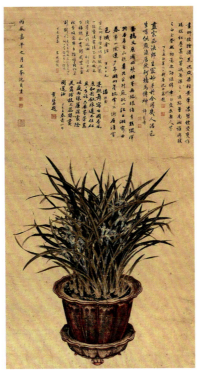

《明代兰草钧瓷花盆博古图》　　　　《当代梅花钧瓷梅瓶博古图》

绘入画中，最早出现在江南，这反映了当时的文人墨客鉴赏收藏艺术的品位。博古图一般以单个瓷器为主，有时，也会有3~5个瓷器，并插上不同花卉。明、清、民国时期都有这种花博古图传世。

3. "官钧"出戟尊、花器、鼓钉洗烙上了明显的明代特征

一件陶瓷造型的设计必须符合那个时代的文化习俗，出戟尊、花器、鼓钉洗这个独特的造型是仿青铜器的，只有禹州钧台遗址才有此器型，钧台遗址的这种器型又恰巧与台北"故宫博物院"和北京故宫博物院珍藏的出戟尊、花器、鼓钉洗形制完全相同。专家们因此确定两院珍藏品即出产于禹州钧台钧官窑。这种形制在宋、元均不见踪影，宋代没有与之相同的出戟尊、花器、鼓钉洗。而明成化（1465~1487）和明万历（1573~1620）年间的景德镇御窑场却有所生产，花器在明宣德、正德、嘉靖的景德镇御窑场也有烧制，鼓钉洗（水仙盆）在明成化御窑亦有烧制。现就笔者看到的标本图录陈述于下：

明成化，青花内芭蕉、外花石纹出戟尊。高 21 厘米，颈、腹、足两侧有双戟3对。如果是四面有相对2组双戟，就与官钧出戟尊完全相同。

明万历，青花龙凤纹兽耳出戟尊，高 34 厘米。

明万历，青花龙凤纹兽耳出戟尊1对，高94厘米，拍卖成交价为人民币3850000元。

明万历，五彩云龙纹出戟尊，高30.3厘米，拍卖成交价港币4474100元。

明万历，五彩云龙纹出戟尊，高31.7厘米。

明嘉靖，绿彩龙纹出戟尊，无标示尺寸。

明嘉靖，五彩龙纹出戟尊，高22.2厘米。

明万历，青花龙凤兽出戟尊，高30.3厘米。

如果将笔者在神垕刘志军家看到的4厘米厚的出戟尊足壁复原的话，可有1米多高。这与明万历94厘米高的青花龙凤纹兽耳出戟尊相比，可为同时代，因明代出现地瓷（摆放在地上的大件器物）。万历皇帝，前可比宋徽宗，后可比清乾隆，只有他才有胆识下旨烧造如此大的陈设器物。

明成化青花内芭蕉、外花石纹出戟尊　　明万历青花花鸟出戟尊

明万历青花花卉出戟尊　　明万历五彩云龙纹出戟尊

明万历五彩云龙纹出戟尊

明嘉靖绿彩龙纹出戟尊

明嘉靖五彩龙纹出戟尊

明万历青花龙凤纹兽耳出戟尊

4.明代盆栽花木已成为时尚，特别是在皇宫、大臣的厅堂均放置盆花与盆景。钧窑花器正是为适应此习俗风尚而烧制。从现在台北"故宫博物院"和北京故宫博物院所藏景德镇御窑花器可类推出钧窑花盆只能是明代所烧，如明宣德窑青花龙纹渣斗、明宣德窑青花云水纹蕉叶渣斗、明宣德窑青地白龙尊（渣斗）、明嘉靖窑霁青云龙渣斗、明正德窑青花龙纹渣斗、明正德窑娇黄绿彩双龙戏珠渣斗。

明宣德窑青花龙纹渣斗

明宣德窑青花云水纹蕉叶渣斗

明宣德窑青地白龙尊（渣斗）高14厘米，口径16厘米，足径11.6厘米

明嘉靖窑霁青云龙渣斗

明正德窑祭蓝渣斗　　　　　　　　　明正德窑娇黄绿彩双龙戏珠渣斗

另有明代成化窑地层出土1个鼓钉洗，应是仿北方禹州钧窑的。

1977年在韩国新安海底沉船打捞出一万余件元代瓷器，其中有钧瓷鼓钉洗，出戟尊造型是仿商周青铜器。

明成化鼓钉洗　景德镇成化地层出土（选自《成化遗珍》）

钧蓝釉三足鼓钉水承（笔洗），新安沉船出土，韩国国立中央博物馆收藏

钧蓝釉鼓钉水洗，韩国国立中央博物馆收藏

钧蓝釉鼓钉水承，新安沉船出土，韩国国立中央博物馆收藏

西周早期青铜器"父丙尊"

5.器底刻号码只有明代有记载

《大明会典》陶器条记载："凡河南及真定府烧造，宣德间
（1426～1435）题准，光禄寺每年缸、坛、瓶，共该五万一千八百五十
只，分派河南布政司。钧、磁二州酒缸二百三十只；十号瓶、坛
八千五百二十六只；七号瓶、坛一万一千六百个；五号瓶、坛
一万一千六百六十个；酒瓶二十六个。每年烧造，解寺应用。"

又嘉靖三十二年（1553）题准："通告折价，每缸一只折银二钱，
瓶、坛一个折银一分。钧州缸一百六十只，瓶、坛一万八千九十个，共该
银二百一十二两九钱，外增脚价银一百九十七两一钱，又大户帮贴银六十
两……通行解部，召商代买。如遇缺乏，止行磁州，真定烧造，免派钧
州。又四十二年，钧州脚价帮贴，尽行除豁。"

光禄寺是专管皇宫日常饮食、招待宴会、祭祀器物的，钧州、磁州都
隶属河南布政司。酒缸是大件器物，瓶和坛子是小号器物，缸属炻瓷，瓶
和坛属瓷器。瓶、坛编号有十号、七号、五号，既有编号，器物上必有标
记刻号。有此记载的只有明代，与"官钧"陈设瓷器底刻编号属同类。

此记载一可说明陈设瓷是明代的，二可说明是官窑的。

6.钧州明代亦生产器皿型瓷器

《大明会典》有这样的记载："洪武二十六年定制，凡烧造供用（祭

祀）器皿等物，必要定夺样制，计算人工物料。如果数多，起取人匠赴京，置窑兴工，或数少，行移饶州、处州等府烧造。"又载："凡在京烧造：天顺三年题准，琉璃窑瓷缸十年一次烧造。旧例，缸土、釉土派行真定府。白釉、碱土派行开封府。"

据《河南通志》记述，开封府所辖4州28县。4州是陈州、郑州、许州（今许昌）、钧州（今禹州）。而4州中只钧州为皇上烧瓶、坛器。白釉是烧制白地青花瓷所用，碱土是含铝元素的硬质土，耐火度高，作坯骨较好，能使器物在窑炉内不变形。白釉主要用于青花瓷的白地，说明当时钧州的烧瓷工艺已比较成功。既然能烧瓶、坛，也能烧陈设用的工艺瓷。因钧州不仅原材料丰富，而且有煤矿可供燃料。《明英宗实录》记载："正统三年十二月，命都察院出榜，禁止江西瓷器窑场烧造官样青花白地瓷器于各处售卖及馈送官员家，违者正犯处死。"由此可知白釉、碱土对御窑烧造青花瓷多么重要，也就知道当时钧州的地位。

另有《大明一统志》卷二十六记载："河南府土产瓷器、铁，俱钧州出。"此记载应在万历以前。万历时已改为禹州。

7.《宣德鼎彝谱》的两种解释

关于《宣德鼎彝谱》一书，中外学者一致认为是一本"伪书"，这不是我们研究的课题。大家历来所关注的是书中所述"内库所藏柴、汝、官、哥、钧、定各窑器皿款式典雅者，写图进呈拣选，照依原样，勒限铸成"。这是"钧"字第一次出现在文献资料中，因为与之同列的柴、汝、官、哥、定均有文献记载，是"宋"代遗存。照此推理，"钧窑"也在宋代之时。此后，才演义出"钧窑北宋说"。如果再继续把《宣德鼎彝谱》读完，就会发现一个难解也好解的问题，最后仿宋古器中有仿汝窑5种，仿官窑10种，仿定窑5种，仿哥窑4种，另有仿东青窑4种，仿宋磁州窑3种，仿元枢府瓷2种，唯独不见仿柴和仿钧。笔者认为很好解释，柴窑宫中无存，钧窑（陈设器）属本朝的，不属于宋代。

8.钧官窑陈设瓷始烧于明也断于明

钧官窑始于明代究竟何时，仍有待研究，不像汝窑，北宋、南宋、金、元约有十几部文献记载。钧瓷在明宣德以前不见于文献记载。有专家对1973～1974年禹州钧台窑的发掘中出现的茄皮紫鼓钉洗、出戟尊、渣斗式花盆等器物的残器碎片进行分析研究对比时，发现武汉市文物商店收藏一对大明永乐四年款法华釉狮子，其局部有茄皮紫釉。另外，景德镇瓷器中年代最早的明宣德官窑弦纹三足熏炉亦为青紫色。由此，推断出钧官窑紫釉应在明初15世纪的永乐朝。笔者基本赞同这种说法，举证如下：

清道光《禹州志》卷二十五《识余》条记载："禹州有窑旧名均（钧）窑。按田艺蘅《留青日札》云：'均窑稍具诸色，光彩太露，器极大，今河南钧州新改禹，其器有兔丝纹，火焰青者。'"

田艺蘅为万历朝人，当时称钧窑为禹窑。因为万历皇帝名叫朱翊钧，为避讳改钧州为禹州，钧窑改为禹窑。但在书写时用同音字"均"，说明钧窑在万历朝以前就有了。何以如此说？该书《禹州记》又云："明万历三年以避讳故改名禹州，其时钧窑既不可改为禹窑，则避讳书作'均'，事属可据，艺蘅书所载窑器（钧瓷）截至正（德）、嘉（靖）间而止。"

此条记载进一步说明，陈设钧瓷停烧于正德与嘉靖之间，那么，它的始烧时间应在正德以前，正德以前有九个皇帝，其中永乐、宣德、成化年间瓷业比较发达，然而，此时比较发达的瓷业都在景德镇窑，与钧州神垕无关，而永乐皇帝朱棣与钧州神垕山出驺虞的故事却家喻户晓。

民国《禹县志》卷三《山志》记载："神垕山，一名大龙山，在州西六十里，其土可陶。产煤，驺虞河出其阴，以明永乐二年获驺虞名。其阳获驺虞，处有周藩世子神垕山神庙记石。"明廷会试曾以周王得驺虞于神垕山而献给朝廷为题："明嘉靖壬戌会试《表》（表是古代奏章的一种文体）题为《拟周王得驺虞于神垕山以献》，王荆石墨书一联云：'产从神垕之山，益显神明之默佑；来自周王之献，顿觉周召之重光。'"

关于神垕山出瑞兽驺虞献之于朝的事多有记载，如《明史》《通鉴览》就有相关记载。民国《禹县志》卷十《祀典志》也记载：钧州神垕山前建驺虞庙、周王世子朱有燉奉敕建立石碑，山后建有驺虞桥。写有驺虞"辞"，撰有驺虞"联"，嘉靖朝连朝廷会试的考题也以"驺虞"为题。这样一个太平盛世的吉祥兽，恰源自神垕瓷场，珍奇之陈设钧瓷不产于永乐朝，还能是哪一朝？

《中国通史》记述，在明永乐年间，郑和开通水路远航贸易，瓷器是外销的重要货品之一，激励了瓷业的发展与提高。

从永乐朝开始，明代历朝帝王，均以瓷器来显示功业。瓷业成为朝廷建立政绩的第一要务，陈设钧瓷的诞生也就顺理成章了。

那么，钧瓷因为什么停烧了呢？

《明孝宗实录》有这样的记载："弘治十一年十一月癸卯，礼科给事中涂旦等言……江西烧造各种瓷器，俱极淫巧……伏望一遵旧制，非常额者，一切停止，不易停止者，责期进纳。所遣内官，通行取回，庶可以宽民。"

《明神宗实录》又记载："万历十四年三月戊午，礼部复请申饬严禁奢靡等事，兼请裁减织造、烧造，上中其奏……伏望皇上酌定裁减数目，上令袍段未完数内，准减一万匹，瓷器烧造难成及不系紧要者，查明裁减。"

又《明孝宗实录》记载："弘治十三年四月癸丑，礼科都给事中宁奉等以灾异言十事……近者，屡差内臣往陕西、苏杭织造驼绒段匹，饶州烧造瓷器。凡诸工作，动费不赀，况所差者，假公营私，上命所司详议以闻。"关于裁减、停窑的旨令很多。原因是资金不足，原材料缺乏，太过奢华，烧造难度大等。钧官瓷应属奢华、烧造难度大而停。此时或有红釉瓷代替，如《大明会典》卷二百一记载："嘉靖二年，令江西烧造瓷器，内鲜红（高温铜红釉）改作深矾红。"

特别要指出的是，明万历皇帝名叫朱翊钧。钧州和钧窑都犯忌，因此，钧州改禹州，钧窑改禹窑，故而，在明代史料中很难查到钧窑的记载。

9.明代史料文献为何无记载"官钧"的解释

《明史》卷二〇一《李充嗣传》中记载："正德九年初，镇守中官廖堂党于刘瑾，假进贡名，要求百端，继者以为常。充嗣言：'近中官进贡，有古铜器、窑变盆、黄鹰、角鹰、锦鸡、走狗诸物，皆借名科敛……'"钧瓷的主要特征之一，是窑变。窑变盆是否就是钧窑花盆呢？明清以来对五彩交融的钧瓷常以"窑变瓷"称之。方以智在所著《通雅》

中说："均州有五色，即汝窑一类也。窑变则时有之。"镇守中官廖堂正镇守河南，钧州手工业发达，河南瓷场以钧州为中心，他所得的窑变盆应该是钧瓷。

另有弘治年间文学家陆深，历成化、弘治、正德、嘉靖四朝，所著《俨山集》中记有："钧州葵花水盉一副，又有菱花水底一个，可配作两副，以为文房之饰，余不再收可也。"

其他说法：一是明早期官方文献简略疏漏。《明史》主纂者之一徐乾学（1631~1694）认为："明之实录，洪（武）、永（乐）两朝最为简略。"二是史料毁灭遗失。《明会典》载：万历二十二年（1594），下令开始纂修从洪武至当朝的正史，开始不久（1597）宫中一场大火，将所有草稿和资料化为灰烬。有关"官钧"的记载应在其中。

10.禹州"钧官窑"与景德镇御窑应区别开来

明代"钧官窑"不等同于明代景德镇之"御窑"，御窑奉官中意旨所建，派官中太监监烧；官窑系地方州县经营管理，精珍亦贡皇室，还有民窑，民窑之产品也由州、县收集优良，以土贡朝廷。民国许之衡著《饮流斋说瓷》记述："自宋以来，已有官窑、民窑之分。官窑者由官监制以进上方备赏赍者也。"民窑又名客货，清代于官窑中更有御窑专备御用。明钧官窑似可理解为专备御用之钧瓷，但属钧州府衙监管，是地方官窑。

11.明代景德镇仿禹州钧台窑官钧

从台北"故宫博物院"藏存的标本来看，有仿钧红釉的碗、盘，非常精美。1988年，台湾艺术家出版社出版的《宋元陶瓷大全》标示为北宋。1999年，台湾出版的《故宫藏瓷大系·钧窑之部》重新标示为钧瓷。明代景德镇红釉器已比较成熟，是北方禹州钧红釉影响了南方景德镇，还是南方景德镇红釉影响了北方禹州，这有待进一步研究。

六、关于御窑、官窑和民窑的关系

1.《新唐书·地理志》记载："江南道，越州土贡瓷器。"越窑并非官窑。瓷器作为越州土特产贡奉朝廷。

2.《十国春秋》记载："清泰二年九月，王贡唐……金棱秘色瓷器二百事。"王指江南十国中的吴越王，唐指中原五代时的后唐。实际是越国的官窑瓷贡送中原皇室。

3.《宋会要辑稿》记载："太平兴国八年，秋八月，王遣世子惟浚贡宋帝金银陶器五百事。"太平兴国是太宗赵匡义年号。当时越国仍存在，应当纳奉贡品。

4.《宋会要》食货记载："神宗熙宁元年十二月，尚书户部上诸道府土产贡物……越州秘色瓷器五十事。"越州窑应为当时越州政府管理的官窑。因为精美，称为秘色瓷。

5.宋王存撰《元丰九域志》记载：西京河南府（今洛阳）土贡蜜、蜡各一百斤，瓷器二百事；河北邢州土贡绢十一匹，解玉沙一百斤，瓷器十一事；浙江越州土贡越绫二十匹，茜绯花纱一十匹，轻容纱五十匹，纸一千张，瓷器五十事；陕西耀州土贡瓷器五十事。

以上除吴越国秘色瓷为越国国君官办的窑场，其他均为民窑，但也土贡朝廷。清《匋雅》云："客货者，民窑也。官窑别于民窑，御窑别于官窑。"

6.御窑起始于五代后周显德年间，清代同治年间蓝浦著《景德镇陶录》记述："柴窑，后周显德初所烧，以世宗姓柴，故名。然当时亦称御窑，入宋始以柴窑别之。"清代光绪年间张金铿所辑《古玩杂说》记述："柴窑，后周世宗所制，相传当日请颁瓷式，世宗批其状曰：'雨过天青云破处，这般颜色做将来。'"此后，天青一色，成为单色瓷中的最佳釉色。

7.清乾隆《浮梁县志》记载："御窑昉自景德中宋真宗景德年间，而民窑更多，蒋祈所称三百余座是也。""宋真宗遣官制瓷贡于京，即应宫府之需，命陶工书建年景德于器底，天下于是咸知有景德之器矣。"到了明清，才有景德镇御窑场。

8.《江西省大志》卷七记载："洪武三十五年始开窑烧瓷，解京贡用。有御窑厂一所，官窑二十座。宣德中，以营缮所承专督工匠，正统初罢。天顺丁丑，仍委中官太监烧造。嘉靖改元，诏革中官。以饶州府佐贰督之。"御窑一定有职官督造。"官钧"窑非御窑，又在北方的河南禹州，没有监督官的记载，故而《明史》也很少记载。

9.明崇祯十年御器厂碑记载："浮梁之景德镇，以陶为业，集八方乌合之众……朝廷御用，于是乎出。""我太祖高皇帝三十五年，改陶厂为御器厂，钦命中官太监一员，特烧造。万历三十六年辍烧造。"

10.清光绪寂园叟著《匋雅》记载："官窑器皿，下以之贡献于上，上以之赏赐于下。"这就是官窑瓷器的主要用途。

11.《清史稿》卷505记载："时江西景德镇开御窑，源呈赤色样数百种，参古今之式，运以新意，备诸巧妙，于彩绘人物、山水、花鸟，尤各极其胜，及成，其精美过于明代诸窑。"

清代御窑比明代管得更严更细，连画样也要送上审批。

12.《清史稿》卷505记载："唐英，字俊公，汉军旗人，官内务府员外郎，直养心殿。雍正六年，命监江西景德镇窑务，先后在事十余年，顺治中，巡抚郎廷极所督造，精美有名，世称郎窑；其后御窑兴工，每命工部或内务府司官往，专任其事。年希尧曾奉使造器甚夥，世称'年窑'。"

御窑并非常年不间断地烧，而是奉旨则开窑，完成任务停火，清代《钦定大清会典则例》有四则记载命江南烧造瓷器的圣旨。康熙九年，命内务府、工部司官各1人，往江南烧造瓷器；康熙二十七年，奏准停止江西烧造瓷器；雍正四年，遵旨委内务府官一人，于江西烧造瓷器；乾隆五年，奏准江西烧造瓷器，动用九江关税银。

七、附图

图31 ┃ 明，钧官窑月白出戟尊。高24.6厘米，口径20.5厘米。底涂护胎釉，刻数目字"六"，刻痕内加填朱砂。

图32 ┃ 明，钧官窑月白出戟尊。高19.5厘米，口径14.7厘米。底涂酱色护胎釉，底足内印数目字"十"。

图33 ┃ 明，钧官窑丁香紫出戟尊。高24厘米，口径19.5厘米。底施天蓝色釉，后刻数目字"六"，刻痕内加填朱砂。

图34 ┃ 明，钧官窑葡萄紫出戟尊。高20厘米，口径13.5厘米。底涂天蓝釉，后刻数目字"八"，刻痕内加填朱砂。

图35 明，钧官窑天蓝鼓钉洗。高8.5厘米，口径22.2厘米，底径16厘米，底印数字"二"。

图36 明，钧官窑月白鼓钉洗。高12厘米，口径25.6厘米，底径18.9厘米，釉质乳浊，一足内壁刻数字"一"，底面有清官所刻"养心殿长春书屋用"的款记。

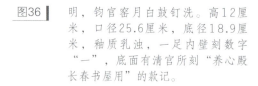

图37 明，钧官窑天蓝丁香紫鼓钉洗。高7.5厘米，口径20厘米，底径14.4厘米，底刻数字"四"。

图38 明，钧官窑葡萄紫鼓钉洗。高8.1厘米，口径20.8厘米，底径15.1厘米，底刻数字"五"。

图39 | 明，钧官窑天蓝玫瑰紫渣斗式花盆。高23.3厘米，口径23.6厘米，腹围76厘米，足径13.8厘米，口沿削去一段，加镶铜扣，底涂酱色护胎汁，底刻数目字"三"。

图40 | 明，钧官窑天蓝玫瑰紫渣斗式花盆。高19.5厘米，口径21.3厘米，腹围67厘米，足径12.1厘米，底、足缘涂酱色护胎汁，刻数目字"五"。有清宫所刻"养心殿东暖阁楼下用"的款记。

图41 明，钧官窑葡萄紫渣斗式花盆。高19.2厘米，口径21.3厘米，足径12厘米，底足缘涂酱色护胎汁，底刻数目字"五"。

图42 明，钧官窑月白渣斗式花盆。高18.2厘米，口径20厘米，腹围63.4厘米，足径11.8厘米，底足内涂酱色护胎汁，印数目字"六"。有清宫所刻"建福宫敬胜斋楼下用"的标记。

图43 ▌ 明，钧官窑丁香紫仰钟式花盆。高15厘米，口径 17厘米，底涂酱色护胎汁，刻数目字"九"。

图44 ▌ 明，钧官窑天蓝丁香紫仰钟式花盆。高26.1厘米，口径27厘米，釉色里外不一，底涂酱色护胎汁，刻数目字"一"。

图45 明，钧官窑天蓝玫瑰渣斗式花盆。高15.2厘米，口径15.6厘米，足径12.4厘米，口沿削去一段，加镶铜扣，底涂酱色护胎釉，后刻数目字"六"，字迹拙劣。

图46 明，钧官窑天青渣斗式花盆。高17.5厘米，口径19厘米，腹围60.1厘米，足径11.1厘米，露胎处加涂褐色护胎釉，印数目字"七"。

图47 明，钧官窑天蓝葵花式花盆。高17厘米，口径24.8厘米，底涂酱色护胎汁，刻数目字"五"。

图48 明，钧官窑天蓝葡萄紫长方花盆。高14.8厘米，口纵16.4厘米，口横20.3厘米，底纵9.5厘米，底横13.1厘米，底涂褐色护胎釉，刻数目字"十"，有清宫所刻"建福宫凝辉堂用"款记。

图49　明，钧官窑海棠红莲花式盆托。高7.6厘米，口径23.5厘米，底径14.6厘米，底涂褐色护胎釉，周缘有支烧痕18枚，底印数字"二"。

图50　明，钧官窑天蓝葡萄紫莲式盆托。高7.3厘米，口径22.5厘米，底径13.9厘米，底涂褐色护胎釉，底周缘有支烧痕17枚，底印数字"三"。

图51 明，永乐霁红釉棒槌瓶。高34厘米，成交价：港币55000元。

图52 明，永乐霁红大观音瓶。高58.7厘米，成交价：港币160000元。

图53 | 明，宣德宝石红僧帽壶。

图54 | 明，宣德宝石红小碗。

图55 | 明，永乐红釉高足碗。

图56 | 明，宣德红釉高足碗。

图57 明，宣德景德镇窑红釉瓣口洗。

图58 明，宣德景德镇仿钧窑红釉碗。

图59 | 明，景德镇仿钧窑玫瑰紫碗。

图60 | 明，景德镇仿钧窑玫瑰紫碗。

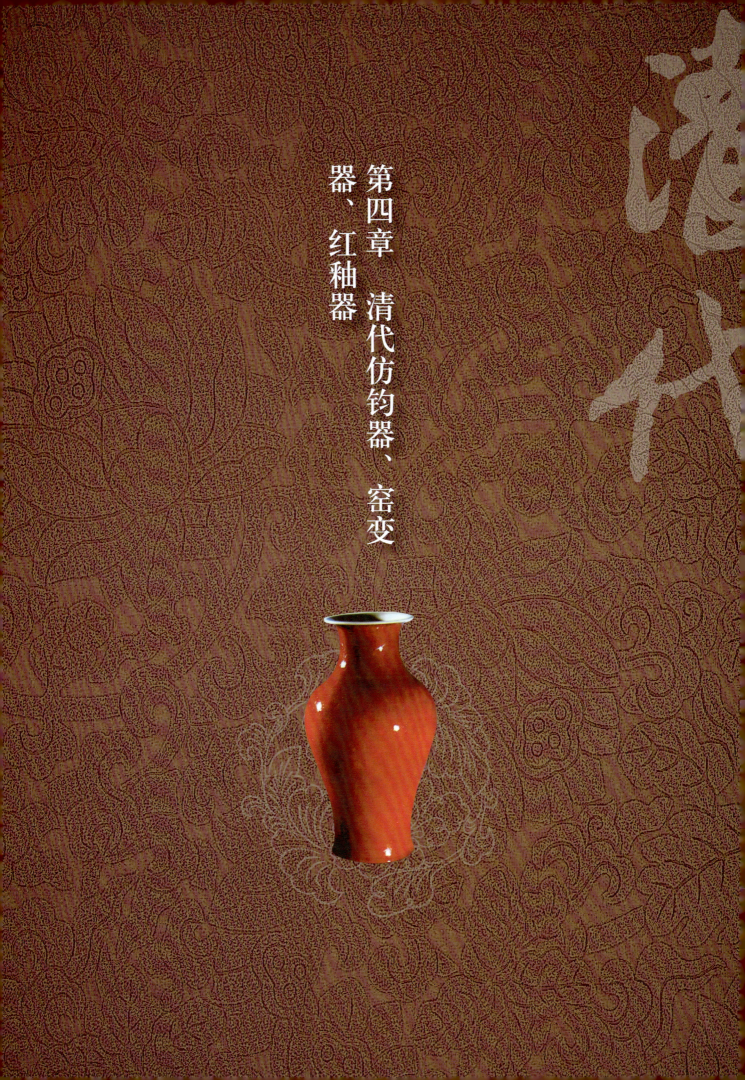

第四章　清代仿钧器、窑变器、红釉器

一、背景材料

明、清两代的官窑器一般情况下都是由设在景德镇的御窑厂烧制的，在明代时，因为大太监潘相贪暴案激起了民变，群众砸毁了御窑厂。《明神宗实录》卷 314 记载："今潘相奉命烧造，一切有司之事毫不得干，乃公然侵夺抚按之职掌，擅留不肖之王官，且不由部复，竟得升降之旨，是抚按为赘疣而铨曹为虚设，二百年之祖制，一旦坏于阉寺之手，胡可训也。"又有《明神宗实录》卷 419 记载："科臣萧近高、孟成已等疏，劾相'自奉差曾出巡景德，激变良民，仅以身免，又诬参通判陈奇可，景德之民欲食其肉。今又移居该镇，徒以权权去已顾而之，他且先移札而后题知，何自擅要君如此'。"明代监窑官权力过大，贪污公款，盘剥窑工，假公济私，成了一大弊端。

清代接受明代办御窑厂时潘相专权这样的教训，改变了明代派征夫役的劳役形式，采用以金钱雇佣劳力的形式。御窑厂平时只有定额人员23人。朝廷下达计划后，再派向民窑搭烧。这种"官搭民烧"的制度，清康熙十九年就正式固定下来。官窑器烧制要挑选最好的窑坊，占用最好的窑位，选最好的工匠，产品要选精择优，为了提高质量可以不计成本，也因此出现了仿古代名窑佳器的仿古风。钧瓷就是追仿的一个重要品种。

二、红釉器特征

1.红釉瓷器

红釉瓷器始烧于元代，属于高温铜红釉，在窑炉内以还原气氛烧成。到了明代永乐朝变得鲜红，后改为矾红。王宗沐、陆万垓纂修的《江西省大志》卷七料价条记载："隆庆五年，都御史徐题，称该内承运库太监崔敏题，为缺少上用各样瓷器，单开窑烧造内外鲜红碗、钟、瓯并大小龙缸、方盒各项……把限明年二月，其余八月运，逐年选进，但今窑作坯房倾坏日久，新经修完，又兼物料细腻，式样精巧，难以措别。见遭洪水为患，土料疏散，成坯甚艰，冬月水冰土冻，尤难造作，况系火中取物，必须假以时间，多做坯胎，入窑百中选一，呈乞转达，查例将鲜红改作

矾红。"又记载："敕下该部详议，将鲜红瓷器，查照前例改造矾红。"又如："又查得嘉靖二十六年二月，内据江西布政司咨呈开称，鲜红桌器，拘护高匠，重悬赏格烧造未成，欲照嘉靖九年日坛赤色器皿，改造矾红；又查嘉靖九年事例，题奉世宗皇帝圣旨，这鲜红瓷器，准照先年例，用矾红烧造，只要鲜明，如法着作，烧造解进。"

从这几则奏折和批文来看，红釉瓷器在皇室中发挥着重要作用，非红不可，因材料缺乏，只有用矾红。到了明宣德朝，成功地烧造出"宝石红"，宣德以后每况愈下，红釉几乎到了失传的地步，直到清康熙年间才得以恢复和发展。

2.康熙"郎窑红"与"豇豆红"

"郎窑红"始创烧于康熙年间督陶官郎廷极监窑之时，它仿烧的是明代宣德年间的"宝石红"。"郎窑红"有两大品种：一是薄釉瓷，上一层釉，其釉面光亮，开细小片纹，由于釉液垂流，器物上半部呈淡红色或淡青色，下半部呈均匀的鲜红釉色；另一种是厚釉，施双层釉液，釉面凝重，器面显出黑色星点或血丝，俗称"牛毛纹"。双层釉面有时色泽深艳浓重，犹如初凝的牛血一般猩红，又称"牛血红"，口沿因釉薄又向下垂流，再加上铜分子在高温下的挥发和氧化，器沿口出现轮状白边，俗称"灯草边"或"灯草口"。

"豇豆红"在康熙年间与郎窑红并驾齐驱。"豇豆红"色调淡雅，酷似豇豆的红润，并略带绿色的苔点，直观艺术感觉幽静清淡，柔和悦目，恰似桃花片，娃娃脸，美人醉颊，世人又以此称之。

"祭红器"始于康熙，盛于乾隆，因为釉色像雨过天晴后天边的霞霁，所以又叫"霁红"。景德镇陶歌云："官古窑成重霁红，最难全美费良工。霜天晴昼精心合，一样搏烧百不同。"

郎窑红、豇豆红、霁（祭）红都是以铜元素为着色剂，在1300℃左右的高温还原火中烧成，也属于窑变釉。由于胎骨材料的选择和釉液中铜元素含量的多少不同，形成了不同的品种。这种釉色与钧官窑的烧制工艺不同，并非承继或仿自钧釉。

3.雍正朝仿钧釉

雍正朝瓷业尤盛，仿古成为时尚，仿钧窑更受到皇宫重视。唐英于雍正六年至景德镇御窑厂监理窑务，于雍正七年派厂署幕友吴尧圃赴钧窑始产地钧州调查。雍正七年以后，宫廷档案中屡见景德镇仿钧釉的成功记录。如：雍正七年……闰七月十日，郎中海望持出均窑双管瓜棱瓶一对，奉旨着做鳅耳乳足三足炉木样，交年希尧照此瓶上釉水烧些来（造字3326号）；雍正八年十月二十六日……将年希尧烧造二件呈览，奉旨，此炉烧造的甚好，传与年希尧照此样再多烧几件（造字3332号）；雍正十一年正月二十一日，司库常保奉旨着照宜兴钵样式交与造磁器处仿样，将均窑（钧窑）、官窑、霁青、霁红钵各烧造些来，其均窑要紧，钦此！（造字336号）

另有《景德镇陶录》记载："今镇陶所仿钧瓷，土质既佳，瓶炉尤多美者。"

又有《南窑笔记》记载："其均窑及法蓝、法翠乃先于窑中烧成无釉涩胎（现代称素烧），然后上釉，再入窑中复烧乃成，惟蓝、翠一火即成。均釉则数火乃得流淌各种天然颜色。"

仿钧产品以红色为主，交织有月白、天蓝，形成五彩斑斓的釉面，人们习惯称钧红釉，也有称"火焰红"的，其中间杂蓝色较多的称"火焰青"，底足涂酱色护胎釉，阴文篆刻"雍正年制"四字。仿陈设瓷花盆、鼓钉洗较多。此种产品珍藏标本多标"仿钧釉"，若造型异样者，都标"窑变釉"。这种器物多是仿钧瓷窑变釉，人们也称"窑变釉瓷器"。

三、创新品种炉钧

炉钧为雍正年间景德镇御窑创烧的一个新品种，为两次入窑烧就的低温釉瓷器。烧成工艺与钧瓷不同，先入窑以高温素烧，上釉后再入窑以低温烧成，因为是小窑炉，故而叫炉钧。

炉钧釉呈松石绿色，釉面有大小不同的紫、蓝、月白等色的小点和垂流纹线，因釉中掺有粉，釉厚且不透明。《南窑笔记》也记载了炉钧的烧制工艺："炉均一种，乃炉中所烧，颜色流淌中有红点者为佳，青点者次之。"

炉钧造型常见的有锥把瓶、胆瓶、灯笼瓶、天球瓶、弦纹瓶、长颈瓶、如意耳瓶等。

四、窑变釉瓷器

窑变釉瓷器始于雍正朝的仿钧釉器，但效果与官钧陈设器相去甚远，也许是这个原因才提出窑变釉瓷器的概念，脱离开陈设瓷的三大造型，而设计了多种异形器，实质上还是钧瓷以铜为着色剂的烧制工艺。乾隆时的仿钧窑变釉以紫红色为主，掺杂有丝丝缕缕、星星点点的天青色和月白色，玻璃感太强，已失去陈设钧瓷乳浊釉面的凝重和沉稳。监窑官称窑变器可能心里踏实些。时至今日，从事鉴定和收藏的专业人士对这类瓷器均以"窑变瓷"呼之。

现从北京故宫朱批奏折中可知"窑变器"在当时烧制成功也非易事。如：乾隆九年二月初八，内务府员外郎管理九江关务的唐英在关于恭进上传及偶得窑变瓷器折中说："当于三月内开工，奴才亲往窑厂办攒造，再行呈进。恐迟延时日，合先奏闻外，于八年十一月内，奴才在厂制造霁红瓷器，得窑变圆器数种，计共二十六件，虽非霁红正色，其釉水变幻，实数十年来未曾见，亦非人力可以制造，故窑户偶得一窑变之件，即为祥瑞之征，视同珍玩。至霁红一种，出窑之后，除正色之外，类皆黑暗不堪，从未有另变色泽生疏鲜艳者。今现得霁红窑变一种，理合一并奏进，伏祈皇上睿鉴，谨奏。"

朱批：览。

由此可知河南禹州钧台窑陈设瓷在当时就是朝廷的珍贵之物。

五、石湾仿钧、宜兴仿钧

石湾窑始于宋，广东有三处，今论之石湾窑仅指佛山石湾窑。《广州通志·舆地略》记载："石湾去佛山二十余里，所制陶器，似古之'厂官窑'，郡人有'石湾瓦甲天下'之谚，形制古朴，有百级纹者，在江西窑之上。"从目前的传世品来看，石湾最善于仿钧瓷。由于石湾窑以仿钧著名，人们习惯把仿钧产品称为"广钧"，至今不衰。

石湾窑仿钧釉主要有蓝色、玫瑰紫、翠毛釉。石湾窑仿钧，仿中有创，现在的复合釉就是石湾窑的新创：先上一层底釉，然后再上一层面釉，底釉一般为铁锈色釉，其作用是填充坯胎表面的小气孔，减少面釉的吸釉率，入窑烧制过程中底釉与面釉互相渗透，加深釉面色泽，使之晶莹润泽，产生理想的釉面艺术效果。

　　石湾窑不仅在施釉工艺上有所发展，在仿钧瓷窑变釉上也有所创新，如匠师们发明了一种蓝釉中流淌葱白色如雨点状的釉面效果，如梦如幻，犹如夏天蔚蓝晴空骤雨突来的情景，人们称这为"雨淋墙"。《匋雅》一书称赞石湾的仿钧窑变釉色说："广钧谓之泥钧，其蓝色甚似灰也。于灰釉之中旋涡周遭，故露异彩，较之雨过天晴尤极浓艳，目为云斑霞片不足以方厥体态。""有时于灰釉中露出深蓝色之星点，亦足玩也。"

　　石湾仿钧瓷之胎骨仍属陶土，因此，人们称之为"泥钧"。石湾仿钧造型多以人物为主。

　　宜兴仿钧。宜兴以紫砂器为主，紫砂器于清朝时开始进入宫廷。宜钧又称釉陶，宜兴仿钧釉色独特，色泽蓝晕，有欧窑的特点。造型以火钵、花盆、花瓶为最多。宜钧坯胎比较细腻，有刻花和画花。北京故宫博物院收藏的蓝钧釉镂空花篮为其代表作。

六、附图

图61 ┃ 清雍正仿钧窑天蓝碗。

图62 ┃ 清雍正仿钧窑天蓝碗。

图63 清雍正仿钧窑天蓝碗。

图64 清雍正仿钧窑莲花式盆托。

图65 ▍ 清雍正仿钧窑天青紫斑弦纹捻子瓶。

图66 ▍ 清雍正仿钧窑变弦纹捻子瓶。

图67 ▍ 清，仿钧窑天青窑变梅瓶。

图68 ▍ 清，仿钧粉蓝瓜棱瓶。

图69 清雍正仿钧窑变菱花式花盆。直径21厘米，成交价：人民币176000元。

图70 清乾隆仿钧瓷窑变釉石榴尊。高20厘米，成交价：人民币110000元。

图71 清雍正窑变釉（仿钧）鹦鹉耳扁瓶。高23厘米，成交价：人民币660000元。

图72 清雍正窑变釉（仿钧）兽耳衔环瓶。高23.5厘米，成交价：港币638250元。

图73　清雍正窑变釉（仿钧）六弦直颈瓶。高21.2厘米，成交价：港币224250元。

图74　清雍正窑变釉（仿钧）弦纹瓶。高37.2厘米，成交价：人民币49500元。

图75 ┃ 清雍正窑变釉（仿钧）菱口洗。直径20.8厘米，成交价：人民币88000元。

图76 ┃ 清雍正窑变釉（仿钧）葵口式花盆。高17.4厘米，成交价：人民币110000元。

图77 ┃ 清嘉庆窑变釉（仿钧）天球瓶。高
38厘米，成交价：人民币24200元。

图78 ┃ 清道光窑变釉（仿钧）葫芦瓶。高
36厘米，成交价：人民币17600元。

图79 清乾隆窑变釉（仿钧）槌把瓶。

图80 清道光窑变仿钧石榴瓶。高19厘米，成交价：港币51750元。

图81　清康熙牛血红兽环瓶。

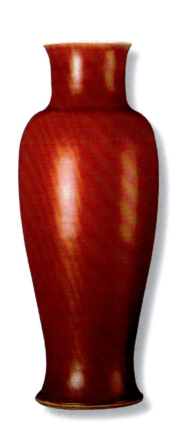

图82　清康熙郎窑红观音瓶。高46厘米，
成交价：人民币250000元。

图83 | 清雍正胭脂红碗托。

图84 | 清雍正胭脂小红碗。

图85 ▎清康熙郎窑红釉大碗。口径20.4厘米，成交价：人民币40000元。

图86 ▎清康熙郎窑红笔洗。

图87 ┃ 清乾隆红釉蒜头瓶。

图88 ┃ 清乾隆霁红釉槌把瓶。高26.9厘米，成交价：人民币71500元。

图89 ┃ 清乾隆红釉荸荠瓶。高17厘米，成
交价：港币235000元。

图90 ┃ 清乾隆钧红釉鱼尾瓶。

图91 ┃ 清同治窑变釉（仿钧）贯耳瓶。高30厘米，成交价：人民币132000元。

图92 ┃ 清光绪窑变釉（仿钧）贯耳瓶。高30厘米，成交价：人民币33000元。

图93 ▎　清代石榴红（仿钧）圆盘。

图94 ▎　清代牛血红（仿钧）长颈瓶。

图95 ┃ 清代石湾窑仿钧釉达摩像。

图96 ┃ 清代石湾窑仿钧釉枭像。

图97 ▌　清代石湾窑仿钧双鱼瓶。

图98 ▌　清代石湾窑仿钧鹤花插。

图99 清雍正炉钧釉长颈盘口盘。高25厘米，成交价：港币180000元。

图100 清雍正炉钧釉摇铃尊。高16.1厘米，成交价：人民币165000元。

图101 ▎清雍正炉钧釉弦纹直颈瓶。高31厘米，成交价：港元1070000元。

图102 ▎清雍正炉钧釉荸荠扁瓶。高16.8厘米，成交价：人民币1400000元。

图103 清乾隆炉钧釉天球瓶。高18.5厘米，成交价：人民币176000元。

图104 清乾隆炉钧釉铺首耳灯笼瓶。高23.5厘米，成交价：港币212750元。

图105　清乾隆炉钧釉天圆地方葫芦瓶。高30.1厘米，成交价：港币1474000元。

图106　清乾隆炉钧釉如意耳扁瓶。高33.1厘米，成交价：港币1010000元。

图107 ▌ 清乾隆炉钧釉观音瓶。高40.7厘米。

图108 ▌ 清道光炉钧釉蟠螭纹蒜头瓶。高29厘米，成交价：人民币41000元。

图109 　清嘉庆炉钧釉花口贯耳瓶。高29厘米，成交价：人民币41000元。

图110 　清嘉庆炉钧釉小灯笼尊。高18.5厘米，成交价：人民币41800元。

图111 清雍正炉钧双耳炉。保利2013年春
拍，以782万港元成交。

图112 清雍正炉钧雪花蓝釉撇口瓶。香港
苏富比春拍以2400万港元成交。

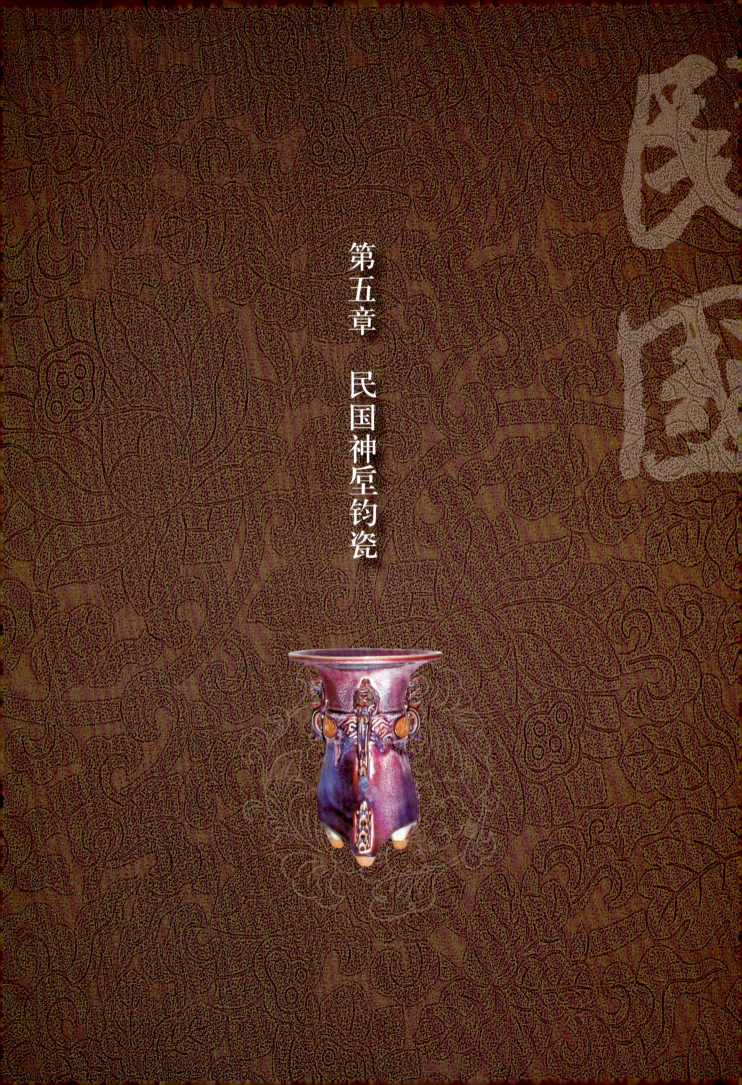

第五章　民国神垕钧瓷

一、背景材料

明、清两代中国陶瓷业以江西景德镇最为发达。景德镇不仅有自己创新发明的新品种，还仿烧其他窑口的名瓷，河南禹州陶瓷却日渐衰落，特别是经历明末清初战乱以后，禹州人口所剩无几。民国《禹县志》记载："崇祯壬午岁屡遭寇残，城社灰烬，凤台颍亭之间，春燕无巢，青磷遍地，人民流离于他乡者不知其归落。""自吕不韦起，大贾以天下居奇，汉兴阳翟号为一都，延及朱明，驿路经过，故货贿积焉，闯乱后，市井为墟。"清道光《禹州志》记载："清顺治，有户七百三十五，有口千四百一十三。"一个县的人口才 1413 人，而汉代阳翟的人口达109000人。此时的神垕镇能存活几人？原来的陶瓷匠师不走则亡。什么时候神垕窑业恢复无据可查。但清朝，神垕镇仍是河南瓷业的中心。康熙三十四年《河南通志》卷十三《物产》记载："开封府，磁（瓷）器出禹州神垕山。"雍正本《河南通志》记载："禹州瓷器出神垕山，在州西六十里。"乾隆本《大清一统志》记载："河南许州府土产瓷器，出禹州神垕山。"嘉庆本《大清一统志》卷七十记载："河南开封府，土产瓷器钧州出。"道光《禹州志》卷七《山川志》记载："州西南六十里，乱山中有镇曰神垕，有土焉，可陶为磁（瓷）。无名异，俗名黑蒿子（黑釉瓷）。"以上志书所载瓷器均不是钧瓷。

二、恢复过程

清同治六年，神垕镇任氏开始从事瓷业，任志修建窑、烧瓷，把自己的窑场定名为"晋义窑"，并著有《瓷器构造技术备要》一书。他在序言中写道："钧瓷釉色丰富，在《禹州志》里都有记载。近世能见到的只有天蓝色和翠蓝色，而葡萄紫等诸多颜色都没人看到过。但是，钧瓷工艺在明朝末年失传，后来就无人知晓了，清朝初年以来，仅有黑、黄、红、白四种颜色。"这四种颜色多用于缸、盆、罐和碗，神垕的黑碗、黄碗在民国时很出名。这本书只是提到了钧瓷，但工艺失传，任氏并没烧制钧瓷。

到了清同治十三年，神垕卢氏长子卢天福开始实验烧制钧瓷，终获成

功。

清光绪二十七年，新任禹州知州曹广权受西方资本主义思想的影响，顺应全国革新的潮流，于光绪三十年在禹州创办钧窑瓷业公司并聘请神垕知名匠人卢天福、郗江、王月深、裴喜娃等到公司共同研制，恢复古之钧瓷釉色。

到了民国年间，钧瓷生产（此时叫新钧瓷）在神垕镇迅速发展，有民窑十多座。官窑也相继建立，据《禹州市志》记述："1911年，辛亥革命成功。1914年就开始了钧瓷生产。"

1915年，省长田文烈责成禹县县长组织瓷商、富户集股设官窑烧制新钧瓷。1917年，县长韩邦孚在神垕镇建立钧兴窑业工厂，并责成有名望的大窑夹烧新钧瓷（实为大火蓝）。

1935年，县长王桓武创建职业中学，并在学校设钧瓷科专业。1940年，县长侯慕彝筹资3000银元，在职业学校设专窑烧制新钧瓷（天蓝色）。1946年，李志伊在神垕创办建新实验瓷厂，烧造新钧瓷。

综合上述，清末、民国期间，神垕烧制钧瓷可以说是如火如荼。

从民国《禹县志》的记载来看，在瓷器生产的恢复过程中有两个关键人物，一个是镇民卢天福，一个是知州曹广权。

民国《禹县志》之《货殖传》记载："卢天福居禹西神垕镇，镇故瓷场皆日用盘、盂粗器。而古钧瓷久为稀世之珍，或掘地得之佳者一事（件），可值数百金。天福思绍绝业，采料配釉，久之始成，以充古瓷射重利。初有田数十亩毁尽，至是复之，其技甚秘，只授其弟天恩。久之，渐泄，能者日多，新钧瓷遂名于世，泰西赛会亦估善价，天福之所遗也。"

另有民国《禹县志·官师传》记载有曹广权在禹州的贡献："开禹三峰山煤铁，叠置罪犯习艺所、钧兴公司、实业学堂，皆倾私囊为之。"

神垕开始恢复烧制钧瓷，大概是在清光绪初年，始于卢天福，至民国有所发展与扩大。

民国《禹县志·货殖传》记载："则如钧瓷久为世珍，惟神垕粗器接轸四出，后有新钧瓷者兴，亦遂见宝重赛会，品题名驰泰西。"此时的新钧瓷已经在西洋人的赛会上受到好的评价。

三、工艺特征

造型：各种梅瓶、观音瓶、虎头瓶、双耳瓶、炉、盘、碗等。

釉色：天蓝、天蓝红斑、天青、月白、绿釉、玫瑰紫、葡萄紫、钧红窑变等。

烧制工艺主要是低温釉，此类多泛绿色，高温窑变釉多出于卢氏。民国年间还有在大碗窑中夹烧的"大火蓝"。

此时烧制的器皿底部有款记，如匠师"王凤喜印"，家族"钧兴郗造"，官窑"钧窑瓷业制"，堂号"宜顺制乃"。

四、神垕炉钧

最早提出神垕炉钧概念的是神垕张义，他对笔者说："南有景德镇炉钧，北有神垕镇炉钧。"景德镇炉钧始烧于清雍正年间，神垕镇炉钧始烧于清光绪年间，两者没有承袭与仿烧的关系。

神垕炉钧应是卢氏家族创新的一个品种，很受人青睐，至今还有人追仿。

雍正炉钧始烧于小窑炉，神垕炉钧也是小窑炉，两者也没有继承关系。景德镇炉钧白胎，低温烧成，釉色以青为主；神垕炉钧胎为灰色，高温窑变火烧成，釉色以红紫为主。

当代神垕炉钧创始自王金合，他的神垕炉钧是雍正炉钧的发展与创新，他把小窑炉改成两个火膛的大窑炉，用煤作燃料，改高温素烧为低温素烧，改低温烧成为高温烧成。当前，神垕炉钧已形成一种炉钧文化。

五、附图

图113 大火蓝荷口花瓶。高35厘米，口径
10厘米，足径13厘米，底涂护胎
釉。

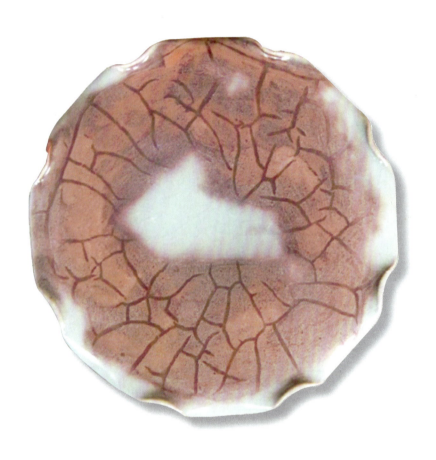

图114 20世纪40年代小窑烧制的高脚荷叶盘。高6厘米，面径25.6厘米，盘面有龟纹和一只手，90年代初《郑州晚报》发表了消息，在社会上引起议论。

题语：
神奇龟背纹
奥妙一只手
乱中藏文字
请君细找寻

图115 | 20世纪40年代大窑夹烧将军罐。高
32厘米，口径13厘米。

图116 | 民国仿雍正炉钧釉梅瓶，底有"大
清雍正年制"。

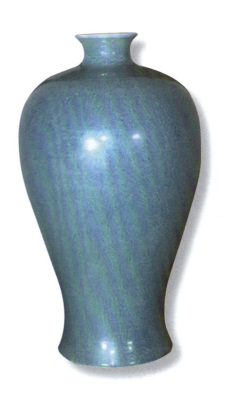

图117 ▎ 民国大火蓝观音瓶，底涂护胎釉。

图118 ▎ 民国大火蓝盘口虎头瓶，底涂护胎釉。

图119 民国大火蓝鼓钉釉铺首缸。高21厘米，口径17厘米，底涂护胎釉。

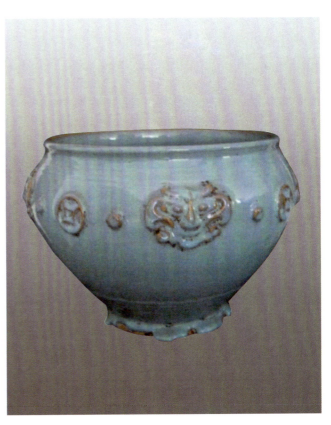

图120 民国大火蓝鼓钉釉铺首缸。高19厘米，口径24厘米，底涂护胎釉。

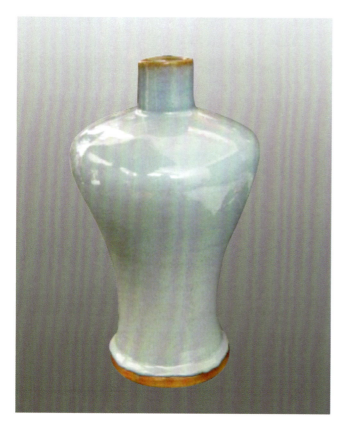

图121 民国大火蓝丰肩梅瓶。高20厘米，口径6厘米，足径10厘米，底涂护胎釉。

图122 民国大火蓝丰肩盘口梅瓶。高22厘米，口径8厘米，足径10厘米，底涂护胎釉。

图123 | 民国天蓝荷叶瓶。高26厘米，口径9.5厘米。

图124 | 民国钧窑天蓝圆洗。卢氏钧窑烧制。底款"钧窑天制"。"天"应指卢氏"天"字辈（卢天福）。

图125 民国小窑炉低温瓜皮绿荷叶盘。高
5厘米，足径25厘米，底有方形印
款，因护胎汁太浓而分辨不清。

图126 民国小窑炉低温瓜皮绿荷叶盘。高
5厘米，足径25厘米，底涂黄土色护
胎汁，有"钧兴郇造"方形款记。

图127 民国初年小型馒头窑天青釉碗。高6 厘米，口径16厘米，底有"钧窑瓷 业制"款记。

图128 民国初年小型馒头窑天青釉碗。高 5.8厘米，口径12厘米，底有"宜顺 制乃（玺）"款记。

图129 民国天青釉盆口虎头瓶。高24厘米，口径7.3厘米，王凤喜（王喜娃）烧制，底有"王凤喜印"的款记。

图130 民国天蓝红斑虎头瓶。高27.5厘米，口径7厘米，底有"钧兴窑业工厂制品"的款记。

图131 民国靛紫斑双耳瓶。高26厘米，口径6.3厘米。

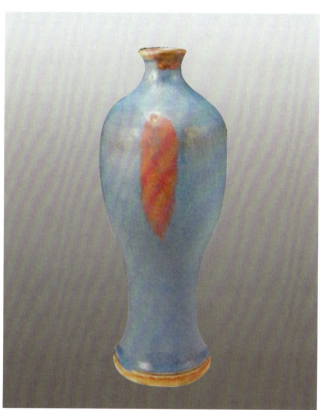

图132 民国天蓝红斑梅瓶。高29厘米，口径4.3厘米。

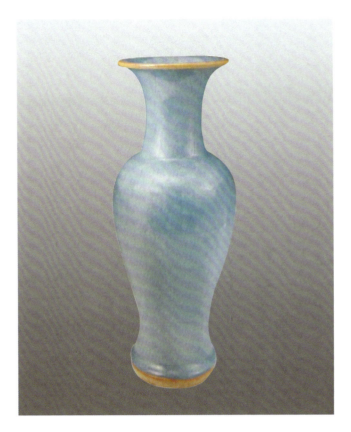

图133　民国天蓝观音瓶。高28.3厘米，口径10.8厘米。

图134　民国孔雀蓝红斑观音瓶。高26厘米，口径9.4厘米。

图135 民国神垕钧瓷盘口瓶。

图136 民国神垕钧瓷梅瓶。

第六章　共和国官窑钧瓷

一、组合联产试验时期（1950～1957年）

1.新中国成立初期

禹县1948年正式解放，当时，窑场基本关停或遭毁。经过剿匪反霸运动后，残余匪徒躲进深山，社会开始稳定，正待恢复钧瓷生产时，1950年朝鲜战争爆发，窑场很少生火开窑；此时，中共中央发出《关于镇压反革命运动的指示》，一场轰轰烈烈的镇压反革命运动席卷全国，直到1952年年底才宣告结束。此时，神垕霍家、赵家等几大窑场被政府没收。在镇压反革命政治运动的同时，农村开始了大规模的土地革命运动，城镇进行了手工业的社会主义改造运动，城镇的手工业者开始组织互助组，以后又以生产设备、材料和物资入股建立手工业生产合作社。神垕陶瓷业亦如此。

1952年，人民工厂的经理任坚被当作资本家批斗后下台，杨保兴作为党的领导进厂，工厂改名为地方豫兴瓷厂。

1953年年初，刘保平率先将互助组扩大发展成瓷窑生产合作社，以后，又联合了几个瓷窑社组成神垕第一陶瓷社。刘保平被社员大会推举为第一陶瓷社主任。当时，神垕镇先后建立了14个瓷窑生产合作社。时任许昌地委书记的纪登奎指出："城镇都要建立手工业合作联社。"因此将1～7社合并成第一陶瓷生产合作联社，简称一社，刘保平任主任；8～14合作社合并成神垕第二陶瓷生产合作联社，简称二社，温永祥任主任。1953年年底，地委又提出恢复钧瓷生产一事，要求组织调查组进行调查。1954年3月8日，由省委、省供销社、地委三部门组成联合调查组进驻禹县。时任县委组织部干事的范文典带领调查组坐马车到神垕，调查8天，开了14人的座谈会，主要人员有任坚、刘保平、卢卿、王光智、魏子房、周有、苗德木、苗新木等。范文典写了调查报告，并亲自赴开封向省委书记吴芝圃汇报。1954年10月，省委书记吴芝圃、地委书记纪登奎一同去北京向负责全国手工业联社的朱德委员长汇报。两天后，得到消息，说是周恩来总理说，要尽快恢复钧瓷生产。

1955年，刘保平和卢卿到北京参加全国首次陶瓷生产专业会议，国务院副总理李富春主持会议。会后，陶瓷专家李国祯（神垕人）看望刘保平、卢卿时建议说："你们应烧制钧瓷，光带些粗瓷碗、盘干啥，回去赶快恢复钧瓷生产。"两人受到了鼓舞，回到县里又受到县委书记的鼓励，刘保平把恢复钧瓷生产当成头等大事来抓，派王明彦到渑池县碗窑沟接回老艺人卢光东，并成立钧瓷试验小组，卢光东任组长，开始研究配釉，用小窑炉进行试验；与此同时，国营瓷厂请回了卢光文，也组成试验小组，郗杰任组长，用小窑炉试烧钧瓷，并取得了重要数据。政府给国营瓷厂拨款6万元，筹建了钧瓷车间，董路山任车间主任，孔铁山管配釉，卢正兴管烧窑。

1955年，任坚用铬为着色剂，研制出铬锡红、铬绿、艳黑等色料，后来普遍用于彩瓷生产。

1956年年初，刘保平领导的第一陶瓷社试验成功了蓝色系的工艺钧瓷，由卢卿带领，向北京轻工部报喜。同年6月《人民日报》报道了神垕钧瓷恢复生产的消息，坚定了国营瓷厂和两个陶瓷社恢复烧制钧瓷的信心；郗杰献出自家秘方，创造了一种钧瓷"窑变"釉；卢光文根据自家秘方创制出新型搅红釉、朱砂红釉、蓝釉带彩斑、鱼肚白，当时虽没能批量生产，但引起了地、县两级政府的极大重视，为了解决优质煤的运输问题，县政府拨款修建了由郏县景家洼煤矿到神垕镇的景垕公路。

1956年7月，时任县委书记的刁文签发文件，派卢光东出席了在北京召开的全国工艺美术艺人代表大会。会后，北京故宫博物院陶瓷专家冯先铭、叶喆民到神垕观看了试烧出来的蓝釉色系器物，给予了肯定和赞许，并对试验中的铜红釉试验品也给予督促与鼓励。12月，河南省成立了古陶瓷委员会，吸收了一部分老艺人参加，官民结合，终于于1956年10月使断烧几十年的钧瓷以新的生命力正式恢复生产，烧出了钧红釉产品和天蓝红斑器。

此时，还有在碗窑中夹烧天青器的，人们通称大火蓝。当时，纯净的天蓝釉一般都加入"磁青"（氧化钴），严格说，不能称之为钧瓷。

2.鉴别此时钧瓷

根据背景陈述、分析与走访，1950年至1957年，神垕镇个体、互助组、陶瓷社、国营厂都没烧成真正的铜红釉器物。一社率先烧出的钧瓷应属蓝釉系列，属中低温天青器，不是真正意义上的钧瓷。但市场上和收藏者手中有钧红釉梅瓶，或是钧红釉碗、钵碗，多标示清末、民国或50年代的；一些图书中类似以上三种器物的，都标示为50年代，可能是个体小炉窑烧制的。

二、恢复发展时期（1958～1978年）

1. 背景材料

（1）国家政治经济发展的大形势

1957年11月，毛泽东主席率中国代表团访问苏联归来，向全党和全国人民提出，要在15年内在钢铁和主要工业产品方面赶上美国，超过英国。同年11月13日，《人民日报》发表社论，鼓励工业、农业大跃进。1958年2月3日，《人民日报》又发表社论，号召全国人民要鼓足干劲，力争上游，农业上提出"人有多大胆，地有多大产"的口号，亩产千斤、万斤的数字不断在报纸上刷新；工业上提出全民办钢铁，用嘴吹也要吹出钢铁来。农业、工业刮起了一阵浮夸风，一年过去，没跃进反而倒退了。1960年12月，中央对1958、1959年的"大跃进""共产风"作了检讨，说是三分天灾、七分人祸造成的，让周恩来总理采取紧急措施，挽救危局。1961年庐山会议上提出了"调整、巩固、充实、提高"的八字方针，到1963年已取得成效。1964年，周恩来总理在全国人大三届一次会议上总结说，由于坚决贯彻"八字方针"，我们的经济建设取得了巨大成就。1965年1月，毛泽东主席主持中央会议，提出了在城市和乡村开展"清政治、清经济、清组织、清思想"的四清运动，社会秩序很快稳定。

1966年8月召开的八届十一中全会通过了《关于无产阶级文化大革命的决定》。"文化大革命"来势凶猛，党政机关瘫痪，被"革命委员会"取而代之；打、砸、抢、抄，破坏了文物和艺术品；"牛鬼蛇神"被批斗；"当权派"被游街示众；派别间开始了武斗；最后波及到了军队，全国陷于无政府主义状态，一时间天下大乱。1973年，周恩来向毛泽东提议让邓小平出任国务院副总理。毛泽东接受了周恩来的建议。四届全国人大加强了以周恩来、邓小平为核心的领导力量，毛泽东也希望结束这场动乱，发展经济。邓小平主持国务院工作后，提出以发展生产为纲，以实现四个现代化宏伟目标为出发点和归宿，澄清了被"文化大革命"混淆的一系列理论是非，国民经济开始好转。1975年11月，毛泽东主席的态度突然发生变化，形势迅速逆转，整顿被迫中断；毛泽东关于《水浒传》的谈话见报后，全国掀起了反击右倾翻案风运动，矛头直指周恩来、邓小平，周恩来终因身体每况愈下，住进医院，于1976年1月8日与世长辞。1976年2月中央决定，在全党公开批判邓小平。1976年4月7日，中央根据毛泽东的提议，通过关于华国锋任中央第一副主席、国务院总理的决议，撤销邓小平党内外一切职务。大河南北又陷入动荡不安。1976年7月6日，朱德委员长逝世。7月28日河北唐山发生大地震，人祸加天灾，使毛泽东身心俱疲，1976年9月9日红太阳陨落。以江青为首的"四人帮"磨刀霍霍，准备篡党夺权。

1976年10月6日晚，中央决定在中南海怀仁堂召开政治局常委会议，通知张春桥、王洪文、姚文元列席，3人当场被抓捕。同一时间在中南海抓捕了江青、毛远新。10月24日首都100万军民集会，庆祝胜利粉碎"四人帮"，结束了10年"文化大革命"的灾难，中国进入一个新的历史时期。

（2）神垕陶瓷业的小环境

"大跃进"的号角一响，神垕陶瓷业者个个斗志昂扬，干劲十足，提出要大干、苦干、拼命干，在产量上也要像农业一样大放"卫星"。为此，采取了一系列自认为有效的措施。

1958年2月，河南省工业厅在神垕召开陶瓷业现场会议，要求钧瓷生产在最短时间内恢复到宋代水平，多、快、好、省地生产出仿宋钧瓷。

为了"一大二公"，早日进入共产主义，1958年5月政府决定，将公私合营豫西瓷厂与地方国营的豫兴瓷厂合并，定名为地方国营禹县神垕瓷厂。同年9月神垕所有瓷厂一律并入到地方国营禹县神垕瓷厂，瓷厂实行人、财、物统一调配，统一指挥，统一行动的三统一管理制度。

为了在产量上大放"卫星"，上级要求任坚设计建造100立方米的"放卫星窑"。据苗锡锦等几位老人回忆，当时形势所逼，都是在大碗窑内夹烧大火蓝钧瓷的。

为了培养有知识的工人，1958年6月，神垕镇建立工业大学，也是有名无实。

为了尽快研制出多种釉色配料，1958年秋，由任坚负责成立了攻关小组，主要参与者有卢光东、卢正兴、杨书信、郗杰、王凤喜、刘振海、刘振仓等。又从洛阳、临汝请来了丁庆祥、高松禄、高松茂、郭遂等，群英集会各献秘方，为1959年北京人民大会堂落成献礼。为此，1959年3月，北京工艺美术学院梅建鹰、张守智带领一批学生到神垕实习创作，为献礼献策、献技、献力，使礼品按时送往北京。郗杰作为代表参加了人民大会堂的落成典礼。

1960年，任坚设计建成了6立方米的倒焰窑，每窑每次可装烧近百件钧瓷。随后，各厂都先后建立了专烧钧瓷的倒焰窑。范文典回忆说："真正批量生产钧瓷是从国营瓷厂开始的，1960年国营厂钧瓷车间有30人，仅有一个煤窑烧钧瓷。"

1961年自然灾害席卷全国，禹县是河南重灾区之一。大整合后的陶瓷厂，又分开各自为战。生产钧瓷的任务主要由地方国营禹县瓷厂、禹县神垕第一陶瓷社承担。

随着国家"调整、巩固、充实、提高"八字方针的实施，各厂逐步恢复生产。

1962年10月，县委决定成立禹县钧瓷生产委员会，袁益之任主任。钧瓷委员会下达正式文件作出决定，把钧瓷生产的任务交给了国营禹县瓷厂和第一陶瓷社，范文典回忆说："当时一社钧瓷车间有窑炉一个，周有任车间书记，苗德木任车间主任，任坚负责技术革新。"

为了保证质量，得到可靠的原材料数据，使钧瓷车间生产效率提高，1963年，国营禹县瓷厂建立了理化实验室。同年，在南阳方山找到了适合钧瓷配釉的贫铜矿石。北京中科院也把仿烧古钧瓷的项目交给了地方国营禹县瓷厂实施。这时期钧瓷生产的计划指标多交给地方国营禹县瓷厂完成。

1963年3月，省委书记吴芝圃陪同中南局管文化的书记赵金铭到禹县考察。范文典、李伯亭等人到县招待所向吴书记汇报工作。吴书记提问：啥是钧瓷？神垕烧钧瓷啥时候开始的？有啥特点？鉴定标准是啥？……谁也答不上来，因此组织了70人的调查组，由范文典负责，周有和晋佩章参加了此次调查活动，收集了有关钧瓷的各类资料，并写成书面材料。晋佩章的《钧瓷史话》一书的内容大多是在这次调查活动中获得的。

1963年7月范文典带着调查报告，向省委书记吴芝圃汇报。吴芝圃书记却说："去开封古楼南街向我老师汇报吧。"范文典到开封找到吴书记说的杨老师，杨老师又让他去找禹县的王梦兰。王梦兰原来是禹县的古董商人，他常到开封古玩店卖卢家钧瓷，而大部分精品都卖给了杨老师，他对范文典说："钧瓷从唐朝开始，历经宋、元、明、清共1470年，烧了270件，4大类别。神钧64件，官钧37件，宝钧70件，民钧99件。吕洞宾用的是鼓钉洗，南海观音用的是观音瓶，何仙姑用的是鹅颈瓶，曹国舅用的是渣斗，李铁拐用的是葫芦瓶。"又说是270个造型，360个故事。范文典说自己收集了320个故事素材，还写成册子，后来，可能是秘书放丢了。现在钧瓷收藏家、业界、市场所传的种种有关钧瓷的故事，都包括在这320个故事中。大部分故事应是王梦兰根据自己的猜想杜撰的。晋佩章告诉笔者，他写书时就选精去糟，出版社又严格把关，才使《钧瓷史话》一书成为经典；后来听人说晋佩章太太大学是学化工的，为撰书把了关。笔者1992年赴新乡访问90岁高龄的孟庆祥老人，他说："禹县的王梦兰是个古董商人，最会瞎编故事，我在郑州乔家门开古玩店，他老是拿卢家的钧瓷当宋钧糊弄人。"

1963年年底，中科院十年规划把仿烧古代钧瓷列为科研项目之一。

1964年，河南手工业联社拨给神垕第一陶瓷社3万元试验费，支持钧瓷的研制与发展。同年国家领导人参加国际会议，地方国营禹县瓷厂的七寸葫芦和第一陶瓷社的窑变釉蟠龙葫芦瓶被作为礼品送给有关国家领导人。

1965年5月，禹县第一陶瓷社的钧瓷产品参加了在法国巴黎举办的中国工艺美术展。同时，禹县神垕第一陶瓷生产合作社改名为禹县神垕第一陶瓷厂；第二陶瓷生产合作社改名为禹县神垕第二陶瓷厂。此时的陶瓷一厂和二厂仍然使用着小窑炉烧成，手搅石磨盘拉坯，杨玉中回忆说："直到下岗，我一直用手搅石磨盘拉坯。"2005年，笔者还看了杨玉中的手搅石磨拉坯表演。此阶段也烧制出一些精珍钧瓷。

1966年7月，禹县"文化大革命"开始。红卫兵在"破四旧，立四新"的极左口号煽动下，把生产出的珍贵钧瓷砸碎，把研究出来的各种钧釉配方焚烧成灰，匠师被打成"牛鬼蛇神"，技术人员被打成"反动技术权威"，工厂停产，打、砸、抢、烧的"革命行动"弄得神垕乌烟瘴气，刘保平被逼跳井自杀，任坚1952年"三反"时的铡腕事件又旧事重提，弄得人人惶惶不可终日。卢光东、杨书信、王凤喜、郗杰被勒令在家反省。钧瓷窑炉基本上是关窑熄火，只有少数保守派和老实人在坚持上班。

1970年广州春交会上，美、英、法、德、日、意、瑞典、苏联、新西兰9国代表共同参观了中国的钧瓷、汝瓷、唐三彩。座谈会上，范文典主讲了钧瓷的特点："胎厚，釉薄，紫口铁足，芝麻酱底，釉具五色，温润如玉。钧与玉比，钧比玉美。"从此，钧瓷享誉世界。

1971年"9·13"林彪坠机事件，客观上宣告了"文化大革命"的理论和实践的失败。周恩来抓紧国民经济的整顿工作，工农业开始恢复生产。

1972年9月，神垕钧瓷产品参加了全国第二次工艺美术展览会。

1973年，禹县第一陶瓷厂出口钧瓷、彩瓷近万件。

1973年年末，国家形势好转，周恩来总理提出各级"革委会"要抓紧国民经济的整顿，努力改变生产管理上的混乱局面，并请示毛泽东主席批准，恢复邓小平国务院副总理职务，工业上要抓品种、质量、原材料、劳动生产率等七项指标。神垕三个主要研制生产钧瓷的厂家，也在保证质量的基础上提高了产量。

1974年9月，地方国营禹县瓷厂设计室主任温清立烧制的作品"八骏马""对马"被选为出国展品。

为了突出钧瓷的品牌和适应出口的需要，1974年12月，禹县第一陶瓷厂改名为禹县钧瓷工艺美术一厂，禹县第二陶瓷厂改名为禹县钧瓷工艺美术二厂。也有人说是1975年年初正式挂牌的，此时说钧瓷一厂、二厂才名正言顺。

为了解决因产量提高原材料缺失的问题，省、地、市三级政府和神垕三大厂组织了调查组，经过两周调查，发现南召有丰富优良的钾长石和石英石，用新材料生产出来的钧瓷品相较好。钧美一厂用新材料生产出来的作品参加了在澳大利亚、罗马尼亚、阿尔巴尼亚举行的中国工艺美术展，同年，对外签订了出口合同（主要产品仍是彩瓷）。

1976年，河南省政府批准神垕几大生产钧瓷厂家对外开放。文化艺术界、书画界及名人学者开始走进神垕，同年钧美一厂和二厂的钧瓷（包括彩瓷）出口到美国、加拿大和日本等国。

1977年1月，钧美一厂和二厂的钧瓷、汝州汝瓷和洛阳唐三彩在北京工艺美术服务部展销3个月，影响广泛而深远。

1977年2月，轻工部给神垕钧美二厂投瓷10万元，正式建成了钧瓷车间，钧美二厂开始受到政府的重视。

1977年春，卢光东在钧瓷生产经验交流会上介绍了"平、快、准、狠、保"5字烧窑法，推广后，产品合格率由原来的10%提高到40%；烧成时间由原来的32小时缩短为24小时，成色率也大大提高。同年，钧瓷在广州秋交会上销售非常好。

1978年10月，邓小平访问日本，选用钧美一厂的钧瓷"兽耳尊"作为礼品。同年，神垕钧美一厂研制的彩釉获河南省重大科技奖。当时的彩釉瓷成了神垕陶瓷产品中的一枝奇葩。

此阶段的出口、参展和来访多以钧美一厂为主。

2.此阶段釉色和造型

（1）釉色的研制与恢复

1958年4月，在省轻工厅工程师李志尹指导下，用小窑炉一窑一个，试验成功了窑变釉。

1958年8月，在1立方米的小窑炉中，用还原焰试烧钧瓷成功，开始为北京人民大会堂落成烧制钧红釉礼品。

1958年秋，"群英集会"研究小组在任坚带领下，研制出了朱砂红、鸡血红、茄皮紫及蓝釉带彩斑名贵器物。

1959年，任坚不用常规的铁元素为着色剂，用碎玻璃冲淡氧化钴配釉药烧出了纯净的天青器，继而又用长石冲淡氧化钴配成蓝钧釉，此种釉药没有推广运用。

1962年，用钧红釉烧出了"满窑红"。

1963年，神垕第一陶瓷生产合作社研制出彩釉瓷，主要原料为红长石，并投入批量生产。同年，在1958年研制的"窑变"釉基础上试验成功了多种"窑变"釉。

1964年李志尹编写《现有七种钧釉的初步探讨》一书时的七种钧釉均属红、紫色系。

1974年，卢正兴用自己家的小窑，在钧红釉的基础上，用铜矿石配成5种钧红釉系列，烧出的产品紫中透红，红中透蓝，蓝中泛青，有时器面还会出现不同的彩斑和图案。

1978年，任坚在钧红釉或钧蓝釉中加入还原剂（碳化硅），突破了仅用气体还原烧制钧瓷的成规，这样的工艺统称"新工艺"。

（2）造型

此阶段除了1958年为北京人民大会堂烧制的一批礼品外，钧瓷釉色仍单一，造型种类少。究其原因，一是绝大部分技术人员和匠师离开生产岗位；二是只有国营瓷厂和第一生产合作社承担烧钧瓷的任务，而国营瓷厂主要生产计划是日用陶瓷、精陶、日用细瓷、卫生瓷、电瓷、古建筑瓷、炻瓷，实际上烧制钧瓷的主要任务归于神垕第一陶瓷社。"文革"中老艺人在家反省，新人上街"闹革命"，生产效率很低，存下来的器物极少。

此阶段的主要釉色是钧红釉系，包括朱砂红、橘红、枣红、玫瑰红、鸡血红，其他釉色有天蓝红斑、天蓝彩斑、天蓝画斑、窑变釉、茄皮紫。

此阶段的主要造型有花盆、盘、炉、瓶、马、碗等。

花盆类：葵花式花盆、莲花式花盆、海棠式花盆、长方形花盆、六棱式花盆、渣斗式花盆、奁（托）。主要由杨书信、卢光东制作。

盘类：特大号高足葵口盘、大号高足圆盘、高足荷叶盘，主要由杨书信制作。另有工艺圆盘、挂盘。

炉类：三足炉、夹板炉（大号）、夹板炉（小号）、熏炉（朝天吼），主要由卢光东制作。

瓶类：虎头瓶（大号）、虎头瓶（小号）、梅瓶、玉壶春瓶、天球瓶、敛口瓶、穿带瓶。虎头瓶由卢光东始创。

马：奔马、八骏马。

碗：圆碗、斗笠碗、钵碗。

葫芦：三节葫芦、两节葫芦、蟠龙葫芦。

异形器：八钉罐、双龙尊、圆洗等。

此外，为适应形势需要，烧制了各类领袖像和革命英雄人物像。

三、成熟辉煌时期（1979～1993年）

1.背景材料

此阶段为时14年，人们把粉碎"四人帮"称为中国的第二次解放；改革开放的战略决策，使中国开始融入世界市场经济的大环境，走向良性发展的康庄大道。中共十一届三中全会以后，首先是意识形态领域出现了历史性的转变，在批判"两个凡是"观点的同时，各大报刊以批"左"为主要内容，对"文化大革命"的历史教训、个人崇拜、民主与法制进行了广泛而深入的讨论，以"一次浩劫"的定论全面否定了"文化大革命"，唤起了人们的反省意识，激发了人们奋发向上学习进取的精神；摘掉几千万"地、富、反、坏、右"分子的帽子，还他们平等的中国人身份；解脱了束缚人们思想的绳索"阶级斗争"，人们以新的姿态迎接着劫难后的新里程。在经济领域走上了改革开放的广阔道路，在农村实行家庭联产承包责任制，农民的利益和生产成果直接挂钩；在城镇，国务院连续颁布了5个扩大企业自主权的文件，开始打破企业吃"大锅饭"的旧体制，引进市场经济的新思路，生产资料作为商品开始进入市场。自由职业者开始长途贩运商品进入自由市场领域；小手工业者和有一技之长的无业者开始作坊生产，或地摊叫卖；自产自销的产品根据人们的需求日益扩大，手工艺产品开始走出国门。神垕钧瓷产业职工的精神面貌也焕然一新，乘着祖国的改革开放大潮扬帆启航，势不可当。

2.钧瓷发展的辉煌历程

改革开放伊始，神垕能烧制钧瓷的有国营、集体、私营、个体十几家，规模较大的有四家：地方国营禹县瓷厂、禹县神垕钧瓷工艺美术一厂、禹县神垕钧瓷工艺美术二厂、神垕镇东风瓷厂，直接以钧瓷冠名的只有钧美一厂和钧美二厂。此阶段钧美二厂异军突起，成了共和国官窑钧瓷的代表，这段历程一路走来是硕果累累，使人欢欣鼓舞。

1979年5月，河南、山东、湖南三省在北京联合举办工艺美术品展览会，钧美一厂、钧美二厂和东风瓷厂的钧瓷、彩瓷产品参加了展销。新钧瓷首次在北京亮相，以它独具魅力的神韵，吸引了参观者的眼球，达到了宣传销售双丰收的预期目的。同时，钧美二厂一对高1.7米的蛟龙活环瓶被送进人民大会堂陈列，向世界展现了钧瓷的尊贵与神圣，钧美二厂也一举成名。

1979年9月，国务院副总理谷牧出访日本，选用了钧美二厂的钧瓷产品赠送给日本政要；同年10月，全国工艺美术创作设计师代表大会在北京召开，钧美一厂刘国安、钧美二厂邢国政作为钧瓷设计者代表参加了大会。邢国政作为新钧瓷第二代大师级人物崭露头角。

1980年年初，国务院副总理余秋里出访日本，仍然选用新钧瓷作礼品，当时，作为宋代五大名瓷之一的新钧瓷捷足先登，成了共和国国礼的首选，此时说钧瓷为五大名瓷之冠是众望所归。

为了适应市场经济的需要，1981年6月，经过工商局注册，成立了以经营为目的的神垕钧瓷工业公司。公司设7个科室和1个钧瓷研究所，苗锡锦任公司办公室主任兼研究所所长，继任坚大师以后，苗锡锦受到神垕公众和业内人士的关注。同年7月钧瓷工业公司在哈尔滨举办了展览会，主要展览钧美一厂和钧美二厂的钧瓷和彩瓷。参观者还有一些日本侨民和俄罗斯的客商，此次展览影响很大，留言簿上写了十几页赞美之词。

1982年3月，全国工艺美术陶瓷品展览会在北京举行，钧美二厂邢国政设计烧制的"双龙活环瓶"荣获一等奖，"活环瓶"也成了新钧瓷的代表作。

1982年5月，河南二轻厅在郑州举办新钧瓷、彩瓷展评会，钧美二厂的钧瓷产品获总分第一名，彩瓷获总分第二名。省展结束后，钧美二厂代表河南陶瓷业参加了北京的全国陶瓷产品展评会，钧瓷作品荣获第一名，钧美二厂又一次在北京名声大振。

1982年6月，轻工部与中国工艺美术家协会联合在宜兴举办全国陶瓷设计展评会，钧美二厂邢国政设计烧制的鹅颈瓶系列产品获二等奖；国营禹县瓷厂烧制的钧瓷高脚果盘和大号虎头瓶分别获二等奖，这两件作品是在杨书信、卢光东造型基础上的创新；钧美一厂王松森设计的彩瓷菊花餐具获一等奖。彩瓷产品在此阶段创造了不菲的经济价值。

1982年10月，河南二轻厅在郑州举行工艺美术百花奖大赛，钧美二厂的"瑰宝牌"钧瓷捧回了"百花奖"奖杯。因钧美二厂已在社会上和钧瓷爱好者心中入地生根，以商标"瑰宝"为品牌取代钧美二厂的计划未能实现。

1982年12月，河南省工艺美术公司在郑州举办旅游产品评选活动，钧美二厂邢国政的中号鹅颈瓶、中号胆瓶、大号荷口玉壶春瓶为首选，宣德炉、象鼻炉、象鼻尊、六管瓶也被选中，钧美二厂囊括了全部奖项，巩固了新钧瓷在汝瓷、官瓷、天目瓷、茶叶沫瓷中的魁首地位，"钧美二厂"逐步演变成了共和国官窑钧瓷的代名词。

1982年年底，禹县瓷厂设计的仿古钧瓷葵花式花盆荣获全国同行业评比优胜奖，可与台北"故宫博物院"珍藏的钧红花盆媲美，甚至以假乱真。

1983年6月，轻工部在江苏省无锡市举办全国日用陶瓷产品展评会，钧美二厂的荷口玉壶春被评为优胜奖。接着钧美二厂又参加了在北京举办的全国陈设瓷展评会，荷口玉壶春又捧回了优胜奖状。

1983年7月，河南武术代表团访问日本，仍然选择了钧美二厂的中号钧瓷活环瓶、平口玉壶春瓶为礼品。老一辈人说，钧美二厂频频参展，次次获奖，得益于厂长张土山的活动能力和邢国政的高超技艺。

1983年9月，钧美二厂的钧瓷、彩瓷及瓷壁画在北京中国美术馆展览，慕名而来的参观者络绎不绝，其间，各界专家、知名人士参观后题词、赋诗、作画80多幅（首），展览结束那天，带去的300多件钧瓷和200多件彩瓷全部售完。10多家新闻媒体的连续报道，使北京掀起了"钧瓷热"。而当时人们的审美价值取向是传统钧红釉的纯净无瑕。

在北京展览期间，著名作家姚雪垠到钧美二厂展区参观，见到一个布满树叉纹路的挂盘像深秋中一群鸦雀的图景，他触景生情挥毫成诗："出窑一幅元人画，落叶寒林返暮鸦。晚霭微茫潭影静，残阳一抹淡流霞。"并把此盘上的意境画命名为"寒鸦归林"，后经《郑州晚报》副刊部主任曹的加以解读渲染，把人们的审美情趣引向了对釉面画意境的寻觅，甚至有人还煞费苦心地找出一些自然景观和花、鸟、虫、鱼来，之后器面上有无窑变图画成了评价新钧瓷的主要标准。同年冬，国务院副总理姚依林出访日本，仍然选用了钧美二厂的传统钧红釉器物作为国礼。

1984年2月，轻工部和国家工艺美术总公司委托河南轻工厅在许昌举行钧瓷行业展评会，钧美二厂仍是这次展评会的主角，评比结果是：钧美二厂获总分第一名，双龙活环瓶被评为最佳产品，飞虎扁瓶、天球瓶、蓝釉茶酒具、劲牛等获优秀创作设计奖，飞虎扁瓶成了钧美二厂的又一力作；钧美一厂的大号虎头瓶获第一名；东风瓷厂的钧瓷鹿头尊获第三名。

1984年3月，河南省经济委员会在郑州举办旅游产品展评会，钧美二厂的穿带瓶、蚊香炉，国营瓷厂温清立设计的象鼻活环瓶、观音瓶、夹板炉、蜘蛛肚炉、五子登科，钧美一厂的大号虎头瓶、凤耳活环瓶、玉壶春瓶，东风瓷厂的羊头尊获旅游产品优秀奖。

为了提高产量、扩大出口，1984年4月，钧美二厂建成了一座推板窑，大批量生产新工艺钧瓷陈设瓷，新工艺茶具、酒具、台灯等，新钧瓷开始向国外出口。现在市场上流通和收藏者手里的新工艺茶具大多是钧美二厂推板窑生产的产品。

1984年9月，国家质量评审委员会在北京召开展评会，钧美一厂和钧美二厂的钧瓷双双捧回第四届"百花奖"金杯。钧美一厂的陈设钧瓷、出戟尊、葵花式花盆获省政府颁发的省级优秀产品奖。此时，超过一市尺的大号钧瓷走向市场，一厂的大号出戟尊和二厂的益寿瓶成了那个时期的代表作。

1984年10月，中共中央书记处书记乔石接见日本社会党代表团，选用了国营瓷厂的"双龙尊"作为礼品；同时，国防部长张爱萍将军出访美国，选用钧美二厂的钧瓷"飞虎扁瓶"作为礼品。新钧瓷成为共和国陶瓷的"国粹"已不言而喻。

1984年11月28日，禹县钧瓷工艺美术一厂改名为禹县钧瓷一厂，禹县钧瓷工艺美术二厂改名为禹县钧瓷二厂。据几位老人说，是1985年元旦正式挂牌的，从此，才有了名副其实的钧瓷一厂和钧瓷二厂。

1985年4月，国营瓷厂钧瓷微气泡呈色工艺获禹县重大科技成果一等奖、许昌地区重大科技成果二等奖。使用这种工艺烧制出来的钧瓷釉面光洁度增强，但未能推广使用。同时，钧瓷一厂的新工艺研究技术获省政府颁发的重大科技成果奖。

1985年5月，在北京召开全国工艺美术百花奖评比活动，钧瓷二厂用推板窑生产的新工艺钧瓷什锦瓶获新产品二等奖。新工艺钧瓷对完成产量指标起了重要作用，收藏家却嗤之以鼻，认为不是真正意义上的钧瓷。

1985年秋，轻工部组织陶瓷工艺品参加亚太地区艺术品博览会，选择了国营瓷厂的大号虎头瓶两件、大号活环瓶两件、双龙尊两件、8#高脚果盘两件。由此看来，三大钧瓷厂家的造型是互相模仿或直接借用的，只是配釉各不相同；了解情况的人说，虎头瓶是钧瓷一厂的，活环瓶是钧瓷二厂的。

1985年12月5日，禹县县政府派代表慰问云南前线的子弟兵，挑选了钧瓷一厂和钧瓷二厂的钧瓷72件作为慰问品，钧瓷二厂的彩瓷"劲牛"和"腾马"深受战士们的喜爱。

1986年元旦前夕，国营瓷厂的钧瓷吉祥尊、象鼻尊、双龙尊、大号活环瓶被选入北京人民大会堂，陈设在河南厅。

1987年3月，国营瓷厂在省轻工厅工业研究所协助下，经过多次试验，改变过去多次还原烧成为一次还原烧成，节省了烧成时间，提高了成品率。

1987年4月30日，钧瓷二厂荣获河南省政府颁发的五一劳动奖先进企业称号。从此，钧瓷二厂成了共和国官窑的知名品牌，也牢牢地刻在钧瓷爱好者的心里。

1987年12月，国营瓷厂的仿宋陈设瓷出戟尊获轻工部旅游产品优胜奖，钧瓷二厂新设计的象鼻六方瓶和四方双连瓶一问世就受到人们的青睐。温清立设计的"龙凤呈祥瓶"获省级设计一等奖。在神垕钧瓷界温清立与邢国政并驾齐驱。同时，钧瓷二厂的6＃双龙尊、4＃穿带瓶也荣获全国旅游产品优胜奖。

1988年4月28日，在全国工艺美术艺人专业技术人员代表大会上，钧瓷一厂技术员刘富安被授予"中国工艺美术大师"称号。

当钧瓷二厂捧回"五一"奖状和刘富安摘取工艺美术大师称号的时候，三大钧瓷生产厂家正是残阳余晖，走完了它们的历史行程，完成了它们的历史使命，留下了永远的辉煌。

1988年6月25日，国务院批准禹县改为禹州市。

钧瓷二厂为纪念这一历史时刻，也为钧瓷二厂留下历史的见证与记忆，在最后烧制的胆瓶器底刻上了"禹县钧瓷二厂"款记。这应该是钧瓷二厂的收笔之作，也是张土山二次复出任厂长的又一英明决策，也有人说是新任副厂长刘建军为钧瓷二厂立的纪念碑文。此阶段人们在初涉钧瓷领域时，会问售卖者："是老工艺还是新工艺？是彩瓷吗？"当时，钧瓷爱好者是把"新工艺"排除在新钧瓷之外的。

1991年，禹州市政府决定建立禹州市钧瓷研究所，副市长赵学仁兼钧瓷研究所所长。1992年7月，经国家文物局和河南省文物局批准，禹州市财政拨款190万元筹建宋钧官窑遗址博物馆。据原禹州市副市长朱五妮回忆，当时是她和省考古研究所赵青云副所长一起去国家文物局报批的，目的是保护宋官窑遗址。

1992年春，国营瓷厂温清立设计烧制成功"九龙尊"，这应该是煤烧钧瓷最终的经典之作。

1993年12月，禹州市钧瓷研究所用液化气试烧新钧瓷成功，引发了一场钧瓷工艺革命，使新钧瓷真正做到了造型上千姿百态，釉色上千变万化，纹片上千奇百样。

液化气的使用如雨后春笋，很快，所有厂家都改弦易辙，破旧立新建起液化气窑，但业内和新闻界褒贬不一。

3.此阶段作品的特征

（1）烧造工艺

窑炉：馒头窑、双乳状窑、马蹄窑、推板窑。

燃料：煤、焦炭。

窑变气氛：倒焰窑一次性高温还原，还原剂还原（新工艺），低温烧成（指彩瓷）。

烧成：先行素烧坯胎，上釉后装入匣钵入窑二次烧成。新工艺产品则是一次完成。

垫具：垫饼烧、垫圈烧、支钉烧、锯齿型垫圈支烧（主要用于鼓钉洗）。

（2）着色物质：氧化铜（CuO）、三氧化二铁（Fe_2O_3）、氧化钴（CoO）、三氧化二铬（Cr_2O_3）、二氧化钛（TiO_2）。一般都用小铜钱、铜器残片等或铁矿石类等天然矿物。

（3）釉色：朱砂红、鸡血红、海棠红、葡萄紫、玫瑰紫、茄皮紫、天蓝、天青、粉青、月白、小米黄等。

（4）纹片特征，强光下可窥见釉层中有一层针眼或猪毛孔。

开片：当釉的膨胀系数大于坯的膨胀系数时，釉的收缩会大于坯的收缩从而形成釉面开裂，这种现象称为开片，此过程可持续数月或数年。

纹路：蚯蚓纹、龟背纹、树叉纹、鱼籽纹、兔毫纹等。

器面直观：釉色均匀、纯净，无流溢现象，沉稳庄重（多指钧红釉）。

器面意境：釉面色彩丰富多变，有流溢散漫之感，或出现自然景观，如海底珊瑚、夜空繁星，如火焰凫闪，如海水波卷，有些如梦如幻（多施窑变釉）。

物象：器面留存红、蓝、紫斑块，或大或小，或左或右，或上或下，仅留一片一点，边沿不齐整，有具象、有意象，仁者见仁，智者见智，会有多种解读。

露筋：器物口沿，或肩、颈的棱角、棱线，会呈现黄色、白色。白色俗称"灯草口"。

施釉：素烧后施釉，蘸釉、刷釉、荡釉最少三遍，多则七八遍。底施酱色护胎汁（釉）。

（5）造型：手拉坯成型、注浆成型、手塑成型瓶类：双龙活环瓶、凤耳活环瓶、象耳活环瓶、鹅颈瓶（大、中、小）、胆瓶、玉壶春瓶、荷口玉壶春瓶、包口梅瓶、直口梅瓶、观音瓶、飞虎扁瓶、象鼻六方瓶、四方双连瓶、龙耳四方瓶、捻子瓶、凤耳瓶、龙耳瓶、穿带瓶、益寿瓶（异兽瓶）、虎头瓶、葫芦瓶、孔雀耳瓶、花觚等。

炉类：1号三足炉、加板炉、2号三足炉、龙耳活环三足炉、三足加板蚊香炉、宣德炉等。

尊类：出戟尊、象鼻尊、羊头尊、凤耳尊、凤华尊、汉尊、双龙尊等。

洗类：仿宋鼓钉洗、圆洗、卧牛洗、鼓钉三足圆洗、鼓钉平底圆洗、文房四宝等。

碗类：斗笠碗、罗汉碗、钵碗、大海碗、敛口碗等。

其他类：劲牛、奔马、鹰、企鹅、达摩像、人物像等。

四、附图

图137 | 天蓝玫瑰紫圆盘·寒鸦归林，1973
年钧美二厂烧制。1983年在北京参
展，作家姚雪垠命名《寒鸦归林》
并题诗：出窑一幅元人画，落叶寒
林返暮鸦。晚霭微茫潭影静，残阳
一抹淡流霞。

图138 钧红蚊香炉·朝天吼，高22厘米，
始创于20世纪60年代，1984年获中
国轻工业工艺美术奖，1984年获河南
旅游产品奖，1985年获河南乡镇企
业优质奖。1980年出展澳大利亚。
题语：蚊香炉色作何比，恰似高粱
红透时。

图139 钧瓷三足炉·山水画图，高20厘米，口径15.5厘米，始创于20世纪70年代，1982年获河南旅游产品奖。钧瓷一厂展室展品。

题语：谁人一幅山水画，巧夺天工压群芳。

图140 天蓝虎头瓶·海市蜃楼，高28厘米，底涂酱色护胎汁，始创于20世纪60年代，钧瓷一厂代表作，此造型1982年获中国陶瓷设计奖，此造型作品1984年获河南钧瓷展第一名。1980年出展澳大利亚，1984年出展美国，1985年参加德国莱比锡博览会。

题语：远望疑是蓬莱岛，又像海市蜃楼景。

图141 ┃ 玫瑰紫虎头瓶，高29厘米，底涂酱色护胎汁，始创于20世纪60年代，钧瓷一厂代表作，此造型1982年获中国陶瓷美术设计奖，此造型作品1984年获河南钧瓷质量第一名。1980年出展澳大利亚，1984年出展美国，1985年参加德国莱比锡博览会。

题语：神人倾，仙人倾，墨客骚人词语穷。

图142 ┃ 天蓝玫瑰紫虎头瓶，高29厘米，底涂酱色护胎汁，始创于20世纪60年代，钧瓷一厂代表作，此造型1982年获中国陶瓷美术设计奖，此造型作品1984年获河南钧瓷质量第一名。1980年出展澳大利亚，1984年出展美国，1985年参加德国莱比锡博览会。

题语：霞染西天红若紫，辉映碧水紫衬蓝。

图143 天蓝玫瑰紫虎头瓶，高29厘米，底涂酱色护胎汁。始烧于20世纪60年代，钧瓷一厂代表作，此造型1982年获中国陶瓷美术设计奖，此造型作品1984年获河南钧瓷质量第一名。1980年出展澳大利亚，1984年出展美国，1985年参加德国莱比锡博览会。

题语：雨过天青云破处，红彩依依离太空。

图144 天蓝玫瑰紫虎头瓶，高29厘米，底涂酱色护胎汁。始创于20世纪60年代，钧瓷一厂代表作，此造型1982年获中国陶瓷设计奖，此造型作品1984年获河南钧瓷质量第一名。1980年出展澳大利亚，1984年出展美国，1985年参加德国莱比锡博览会。

题语：西天静谧如镜湖，落日余晖起红霞。

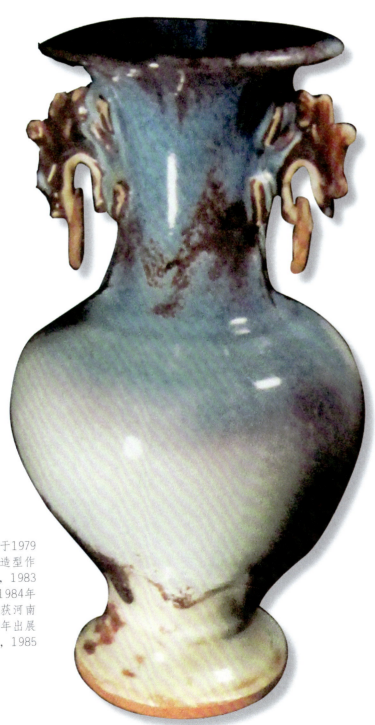

图145 1#活环瓶，高26厘米，始烧于1979年，钧瓷二厂代表作品。此造型作品1982年获中国工艺美术奖，1983年获中国国际旅游纪念奖，1984年获河南旅游产品奖，1985年获河南乡镇企业优质产品奖。1980年出展澳大利亚，1984年出展美国，1985年出展美欧亚11个国家。

图146 1#活环瓶，高26厘米，始烧于1979年，钧瓷二厂代表作品。此造型作品1982年获中国工艺美术奖，1983年获中国国际旅游纪念奖，1984年获河南旅游产品奖，1985年获河南乡镇企业优质产品奖。1980年出展澳大利亚，1984年出展美国，1985年出展美欧亚11个国家。

图147 ▌ 中号活环瓶，高24厘米，20世纪80年代作品。

图148 ▌ 胭脂红中号活环瓶，高23厘米，20世纪80年代作品。

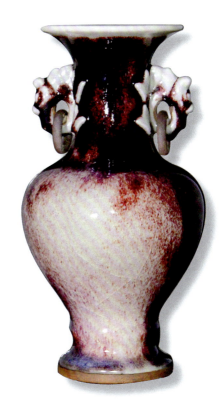

图149 中号活环瓶，高23厘米，20世纪80
年代作品。

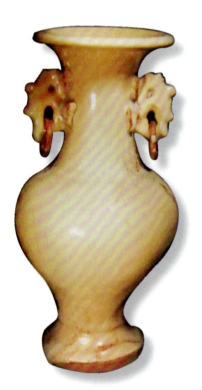

图150 香蕉黄釉大号活环瓶，高33厘米，
20世纪80年代作品。

图151　粉青釉中号活环瓶，高24厘米，20
世纪80年代作品。

图152　小米黄中号活环瓶，高24.5厘米，
20世纪80年代作品。

图153 玉白红彩观音瓶,高25厘米,始烧于20世纪70年代,此作品1984年获河南旅游产品奖。此造型作品1980年出展澳大利亚,1985年出展美欧亚11个国家。
题语:黑风平地起,红云翻作浪。

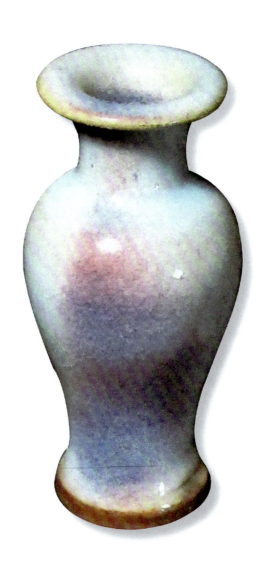

图154 观音瓶一对，高16厘米，20世纪80年代作品。
题语：赤白青蓝紫涂染，烟霞云彩虹镶钿。

图155 三节葫芦瓶1对，高31厘米，始烧于20世纪70年代，此造型作品1988年获河南计生委银杯奖。1980年出展澳大利亚，1985年参加德国莱比锡博览会。

图156 大号鹅颈瓶，高34.5厘米，始烧于20世纪70年代，此造型作品1982年获河南旅游产品奖，1982年6月获中国轻工业美术优秀奖。1980年出展澳大利亚，1984年出展美国。

题语：自然窑变火焰青，袅袅紫烟轻轻飞。

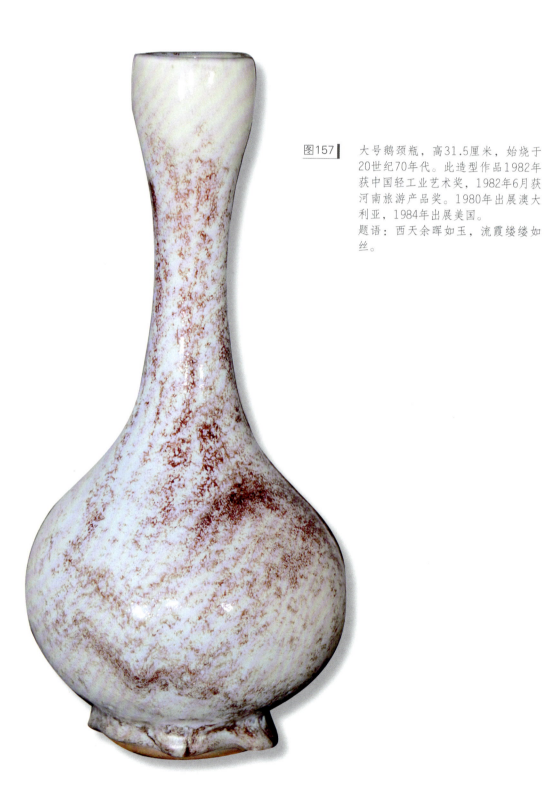

图157 大号鹅颈瓶，高31.5厘米，始烧于20世纪70年代。此造型作品1982年获中国轻工业艺术奖，1982年6月获河南旅游产品奖。1980年出展澳大利亚，1984年出展美国。
题语：西天余晖如玉，流霞缕缕如丝。

图158 鹅颈瓶，高23厘米，始烧于20世纪70年代，此造型作品1982年获河南旅游产品奖，1982年6月获中国轻工业美术优秀奖。1980年出展澳大利亚，1984年出展美国。
题语：月白天地间，花雨入根泥。

图159 鹅颈瓶，高31厘米，始烧于20世纪70年代，此造型作品1982年获河南旅游产品奖，1982年6月获中国轻工业美术优秀奖。1980年出展澳大利亚，1984年出展美国。

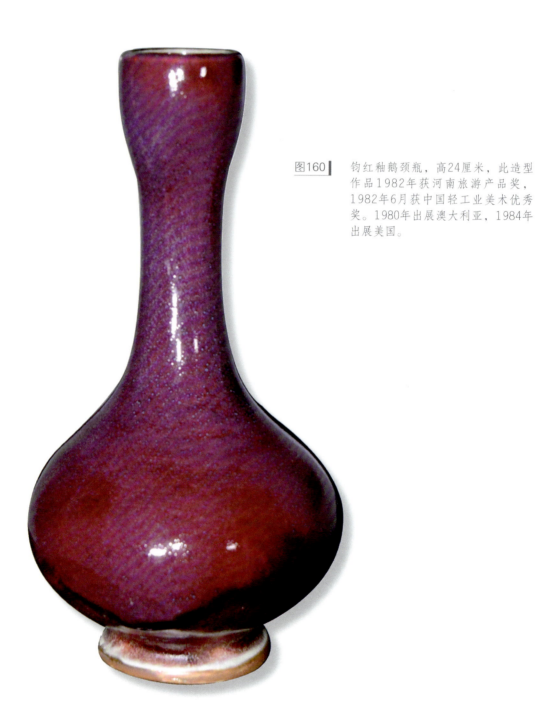

图160 ▮ 钧红釉鹅颈瓶，高24厘米，此造型作品1982年获河南旅游产品奖，1982年6月获中国轻工业美术优秀奖。1980年出展澳大利亚，1984年出展美国。

图161 钧红釉鹅颈瓶，高24厘米，此造型
作品1982年获河南旅游产品奖，
1982年6月获中国轻工业美术优秀
奖。1980年出展澳大利亚，1984年
出展美国。

图162 鹅颈瓶，高24厘米，此造型作品1982年获河南旅游产品奖，1982年6月获中国轻工业美术优秀奖。1980年出展澳大利亚，1984年出展美国。
题语：鹧鸪斑，豆花鸡，钧窑炉中出神奇。

图163 鹅颈瓶，高24厘米，此造型作品1982年获河南旅游产品奖，1982年6月获中国轻工业美术优秀奖。1980年出展澳大利亚，1984年出展美国。

图164　鹅颈瓶，高24厘米，此造型作品1982年获河南旅游产品奖，1982年6月获中国轻工业美术优秀奖。1980年出展澳大利亚，1984年出展美国。
题语：东方红幔启开，白光待迎日出。

图165　胆瓶，高24厘米，始烧于20世纪70年代，此造型作品1982年获河南旅游产品奖。1984年出展美国。
题语：芝麻开花节节高，幸福生活天天提。

图166 | 天青玫瑰紫胆瓶，高22厘米，始烧于20世纪70年代，此造型作品1982年获河南旅游产品奖。 1984年出展美国。该作品为1988年生产，底有"禹县钧瓷二厂"款记。

图167 | 天蓝玫瑰红蚊香炉，高18厘米，20世纪80年代作品，此造型参加1984年河南旅游产品展评会。

图168　天青玫瑰紫胆瓶，高22厘米，始烧于20世纪70年代，此造型作品1982年获河南旅游产品奖。 1984年出展美国。该作品为1988年生产，底有"禹县钧瓷二厂"款记。

图169　玫瑰红蚊香炉，高17.5厘米，20世纪80年代作品，此造型参加1984年河南旅游产品展评会。

图170 胆瓶，高22厘米，1988年作品，底有"禹县钧瓷二厂"款记。

图171 胆瓶，高22厘米，1988年作品，底有"禹县钧瓷二厂"款记。

胆瓶，高22厘米， 1988年作品，底
有 "禹县钧瓷二厂" 款记。
题语：兔死狐悲。

胆瓶，高22厘米， 1988年作品，底
有 "禹县钧瓷二厂" 款记。
题语：桃花乱落如红雨。

图174 飞虎扁瓶，高21厘米， 1983年末始烧。此造型作品1984年2月获河南优秀创作设计奖。1984年成为国家领导人访美礼品。
题语：红虎白虎欲飞，雌雄难跃深谷。

图175 飞虎扁瓶，高21厘米， 1983年末始烧。此造型作品1984年2月获河南优秀创作设计奖。1984年成为国家领导人访美礼品。
题语：红罗半遮体，裸露白玉肌。

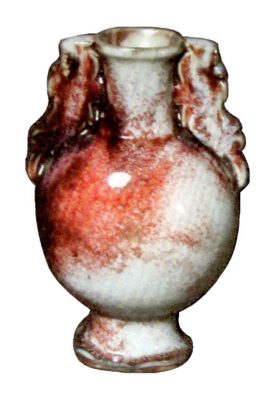

图176 飞虎扁瓶，高21厘米，1983年末始烧。此造型作品1984年2月获河南优秀创作设计奖。1984年成为国家领导人访美礼品。

题语：一件飞虎瓶，红衣着上身。玉帛裹到足，疑似白罗裙。

图177 飞虎扁瓶，深蓝釉，高21厘米，1983年末始烧。此造型作品1984年2月获河南优秀创作设计奖。1984年成为国家领导人访美礼品。

题语：深蓝如梦幻，心中蓝宝石。

图178 飞虎扁瓶，高21厘米，1983年末始烧。此造型作品1984年2月获河南优秀创作设计奖。1984年成为国家领导人访美礼品。
题语：嫣红姹紫着器身，斑斓锦彩饰奇珍。

图179 飞虎扁瓶，高21厘米，1983年末始烧。此造型作品1984年2月获河南优秀创作设计奖。1984年成为国家领导人访美礼品。
题语：火中丹青造化点，恰似海底珊瑚峰。

图180　天蓝玫瑰紫鱼耳方尊，高28厘米，20世纪80年代末作品。

图181 天蓝碗·黄雀捕蝉。口径21厘米，20世纪60年代作品。
题语：雀鸟从天落，蝉虫鸣不飞。

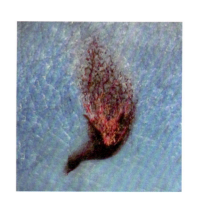

图182 天蓝冰裂纹鸡心碗·孔雀，高8厘米，口径18厘米，20世纪60年代作品。
题语：蓝天俯冲孔雀鸟，苗寨年年福贵添。

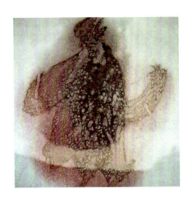

图183 ｜ 钧瓷天蓝碗·济公云游，高9厘米，口径19.5厘米，20世纪60年代作品。
题语：济公活佛云游处，尽扫人间邪恶事。

图184 ｜ 钧瓷天青冰裂纹鸡心碗·贵妃出浴，高7厘米，口径16.5厘米，20世纪60年代作品。
题语：贵妃出浴池，袒露玉背肌。宫楼锦罗帷，相伴君王时。

图185　天蓝葡萄紫渣斗，高14厘米，口径13厘米，20世纪70年代作品，1980年出展澳大利亚。
题语：渣斗釉色作何比，恰似葡萄熟透时。

图186　天蓝红斑渣斗，高13厘米，口径14厘米，20世纪70年代作品，1980年出展澳大利亚。

图187 ┃ 天青圆洗，高9厘米，口径17.5厘米，器面有蚯蚓线与铁线，20世纪70年代作品，1980年出展澳大利亚。

图188 ┃ 天蓝镂空套盆，高13厘米，口径21厘米，20世纪80年代作品。

图189 天青钧红窑变釉蟠龙葫芦瓶，高13
厘米，20世纪60年代作品。

图190 天蓝蟠龙葫芦瓶，高13.8厘米，20世纪60年代作品。1964年，第一陶瓷社的窑变蟠龙葫芦瓶成为国家领导人参加国际会议的礼品。

题语：釉如堆脂凝厚，色似油画涂染。

图191 仿明钧官窑陈设器鼓钉洗，高9.5厘米，口径27厘米，20世纪80年代作品。

图192 仿明钧官窑陈设器鼓钉洗，高9.5厘米，口径27厘米，20世纪80年代作品。

图193 象鼻尊（象吉瓶），高26厘米，20世纪70年代末始烧，1980年出展澳大利亚。

图194 象鼻尊（象吉瓶），高36厘米，20世纪70年代末始烧，1980年出展澳大利亚。

图195 仿明代钧官窑出戟尊，高34厘米，20世纪80年代作品，1984年出展美国。

图196 仿明代钧官窑出戟尊，高34厘米，20世纪80年代作品，1984年出展美国。

图197　益寿瓶，高49厘米，20世纪70年代
末始烧，1980年出展澳大利亚。

图198　益寿瓶，高49厘米，20世纪70年代
末始烧，1980年出展澳大利亚。

图199　钧花釉观音瓶，高24厘米，20世纪60年代作品。

图200　钧花釉象鼻尊，高26厘米，20世纪60年代作品。

图201　钧花釉圆洗，口径18厘米，20世纪60年代作品。

图202　双龙尊，高29厘米。始烧于20世纪80年代初。此造型1984年获河南旅游产品奖，1987年获河南优秀设计奖。1980年出展澳大利亚，1984年出展美国，1985年出展美、苏等11个国家，1985年参加德国莱比锡博览会。

图203 ▎ 天蓝彩斑双龙尊，高29厘米。始烧于20世纪80年代初。此造型1984年获河南旅游产品奖，1987年获河南优秀设计奖。1980年出展澳大利亚，1984年出展美国，1985年出展美、苏等11个国家，1985年参加德国莱比锡博览会。

图204 ▎ 小号双龙尊，高29厘米。始烧于20世纪80年代初。此造型1984年获河南旅游产品奖，1987年获河南优秀设计奖。1980年出展澳大利亚，1984年出展美国，1985年出展美、苏等11个国家，1985年参加德国莱比锡博览会。

图205 荷口玉壶春，高23.5厘米。始烧于20世纪70年代。此造型1982年获中国轻工业艺术奖，1982年获河南旅游产品奖，1983年获河南陈设瓷奖。

图206 荷口玉壶春，高23厘米。始烧于20世纪70年代。此造型1982年获中国轻工业艺术奖，1982年获河南旅游产品奖，1983年获河南陈设瓷奖。

图207　四方双连瓶，高27厘米，始烧于
　　　 1987年。

图208　四方双连瓶，高27厘米，始烧于
　　　 1987年。

图209 双耳三足炉，高20.5厘米，20世纪80年代作品。

图210 加板三足炉，高23厘米，底有 "故宫监制" 款记。始烧于20世纪70年代。1980年出展澳大利亚，1984年出展美国。

图211 ▏ 小号加板炉，高14.5厘米，20世纪80年代作品。

图212 ▏ 六棱撇口尊，20世纪70年代作品。

图213┃　龙耳汉代尊，20世纪70年代作品。

图214┃　风华尊，20世纪70年代作品。

图215 花盆，高14厘米，口径24厘米，始烧于20世纪70年代，葵花式花盆是国营瓷厂代表作品。1983年获中国陈设瓷奖，1984年获河南四新产品奖。1980年出展澳大利亚，1984年出展美国。

图216 花盆，高14厘米，口径24厘米，始烧于20世纪70年代。1983年获中国陈设瓷奖，1984年获河南四新产品奖。1980年出展澳大利亚，1984年出展美国。

图217 花盆，高14厘米，口径24厘米，始烧于20世纪70年代。 1983年获中国陈设瓷奖，1984年获河南四新产品奖。1980年出展澳大利亚，1984年出展美国。

图218 花盆，高14厘米，口径24厘米，始烧于20世纪70年代。 1983年获中国陈设瓷奖，1984年获河南四新产品奖。1980年出展澳大利亚，1984年出展美国。

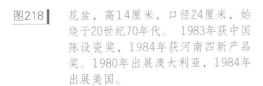

图219 仰钟式花盆，高18厘米，口径22.5厘米，20世纪80年代后期作品。

图220 仰钟式花盆，高18厘米，口径22.5厘米，20世纪80年代后期作品。

图221　宜钧米屯花盆。20世纪80年代王孟
听设计制作。

图222　宜钧乾坤笔海。20世纪80年代朱正
前设计制作。

图223 宜钧大长分水底。20世纪80年代葛岳纯设计制作。

图224 宜钧特大腰元水盆。20世纪80年代葛岳纯设计制作。

图225 天蓝玫瑰紫高足葵口果盘，高16.5厘米，口径40厘米，足径16厘米，缸胎，足内涂护胎釉，孤品。20世纪70年代国营瓷厂代表作品，1982年获中国陶瓷美术设计奖，1985年参加亚太地区艺术博览会。

图226 深蓝花觚瓶，高32厘米，口径28厘米，始烧于20世纪70年代。1980年出展澳大利亚。

图227 深蓝花觚瓶，高32.5厘米，口径16.5厘米，始烧于20世纪70年代。 1980年出展澳大利亚。

图228 葡萄紫花觚，高32厘米，20世纪70年代烧制。 1980年出展澳大利亚。

图229 天蓝红斑天球瓶，高22厘米，始烧于20世纪80年代初。1984年获河南优秀创作设计奖和河南四新产品奖。1984年出展美国。

图230 天球瓶，高20.5厘米，20世纪80年代作品。

图231 蜘蛛肚炉，高19.5厘米，1984年
获河南旅游产品奖。1984年出展美
国。

图232 天青菊花式花盆，高13厘米，20世
纪70年代代表作品。

图233 六方花盆，高11厘米，口径17厘米，20世纪80年代作品。

图234 六方花盆，高11厘米，口径17厘米，20世纪80年代作品。

图235 | 天蓝红斑圆盘，口径20厘米，20世纪70年代作品。
题语：一只京巴狗，坐等主人归。

图236 | 天蓝红斑鸡心罐，高12厘米，20世纪70年代作品。
题语：一只老牦牛，回想壮年时。

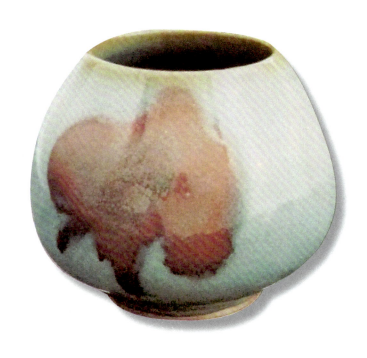

图237 天蓝彩斑鸡心罐，高9厘米，20世纪80年代作品。

图238 天蓝彩斑鸡心罐，高19.5厘米，20世纪80年代作品。

图239 ▎ 天蓝彩斑鸡心罐，高11厘米，20世纪80年代作品。

图240 ▎ 小虎头瓶，高14厘米，20世纪70年代作品。

图241 鸡血红小天球瓶，高12厘米，20世纪70年代作品。

图242 鸡血红小天球瓶，高15厘米，20世纪70年代作品。

图243 鸡血红小虎头瓶，高15厘米，20世纪70年代作品。

图244 鸡血红小花盆，高6.5厘米，20世纪70年代作品。

图245　鸡血红烟缸，高3厘米，20世纪70年代作品。

图246　鸡血红活环三足炉，高10.5厘米，20世纪70年代作品。

图247 鸳鸯耳尊，高23.5厘米，20世纪80年代作品。

图248 鸡头尊，高24厘米，20世纪80年代作品。

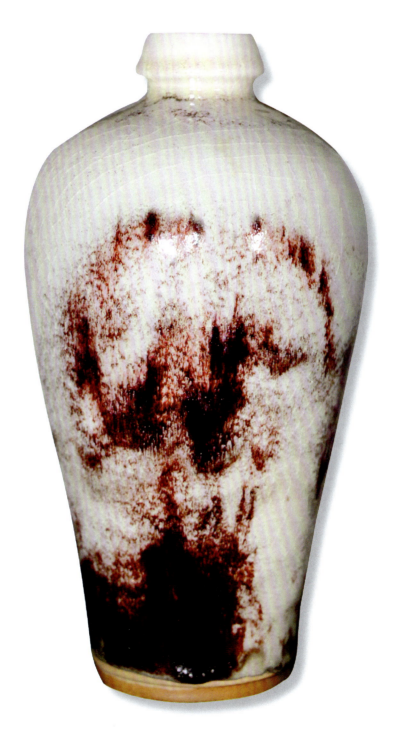

图249　梅瓶，高27厘米，20世纪80年代初
　　　始烧，1984年出展美国。

图250 象鼻六方瓶，高26厘米，始烧于 1987年。

图251 象鼻六方瓶，高26厘米，始 烧于1987年。

图252　象鼻六方瓶，高26厘米，始烧于
　　　　1987年。

图253　象鼻六方瓶，高26厘米，始
　　　　烧于1987年。

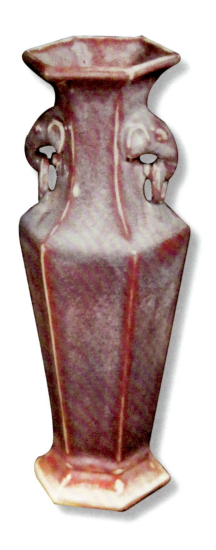

图254 象鼻六方瓶，高26厘米，始烧于
1987年。

图255 象鼻六方瓶，高26厘米，始烧于
1987年。

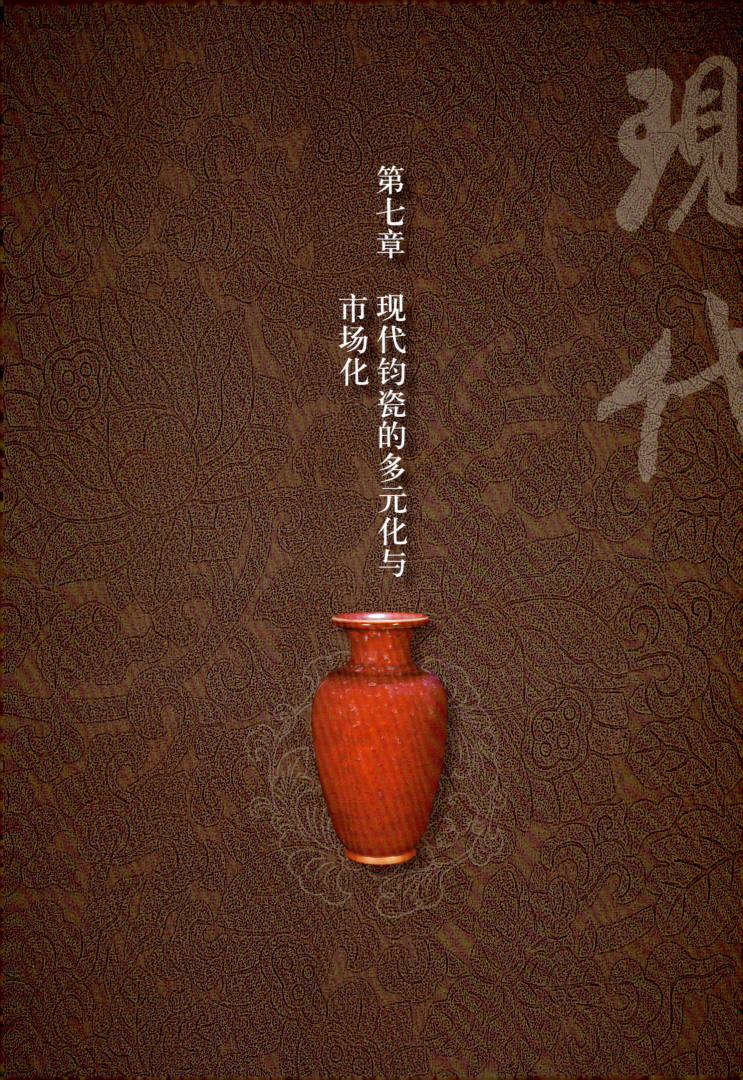

第七章　现代钧瓷的多元化与市场化

一、液化气窑破门而入

1993年12月，禹州市钧瓷研究所用液化气烧制新钧瓷成功以后，孔家钧窑紧跟其后，首先改煤窑为气窑，带动神垕私人钧瓷厂家迅速拆旧建新，新钧瓷烧成全面气窑化，受到社会公众和钧瓷收藏家及钧瓷爱好者的广泛关注，也成了新闻媒体追访的焦点。

1994年6月22日，《许昌日报》以头版头条刊登《中国钧瓷生产史上的一个重大突破》的文章，在许昌地区业界议论纷纷，褒贬不一；同年8月7日，《人民日报》刊登《钧瓷烧制技术获新突破》的文章，引起了省、地、市三级政府的重视，国家级文物考古专家持观望态度，对此暂不问津；省考古研究所所长安金槐首先站出来发声，力挺这一革新行动，理由是：用液化气烧制钧瓷符合国家的环保政策，减少煤烟的环境污染，烧成过程省钱、省时、省力，且成品率高，经济效益显著；烧窑技术较容易掌握，使下岗工人有了新的就业机会；轨道推板窑烧制钧瓷可使钧瓷生产走上规模化、产业化道路。新闻媒体继续发评论文章，说气窑钧瓷是社会主义市场经济发展的必然，是传统工艺与现代科学相结合的必然，是钧瓷烧制工艺上的一次革命。其实，当时用液化气作燃料，并非钧瓷研究所独创，最先使用液化气的是景德镇陶瓷生产厂家，接着是广东石湾、浙江宜兴，瞬间，山东、河北、湖南、福建的食用瓷生产厂家也都改煤用气或用油。二十年后的今天，很多生活用瓷的生产厂家还普遍使用了电能烧瓷，这应该是中国陶瓷生产史上的一次革命，不必说三道四，时间久了，也就见怪不怪习以为常了。

然而，当时对气窑钧瓷持反对意见的理由是：用液化气烧制的钧瓷直观感觉很亮，釉面华而不实，像旧社会农村妇女穿的绣花鞋；色彩太艳丽，像城市夜晚的霓虹灯；研究所创造的罗汉像的衣服花红柳绿，像豫剧舞台上将相穿的蟒袍；这些五颜六色的作品完全失去了传统钧瓷沉稳庄重、古朴丰厚、玉润素静、高贵典雅的特点。《郑州晚报》副刊部主任曹的持这种态度，所以，《郑州晚报》在新钧瓷气窑的风暴袭来时，他没有推波助澜，也没有反驳以辩，一直保持着沉默，实际上就当时新闻媒体一

边倒的赞扬声中，谁也驳不倒辩不清。气窑以排山倒海之势席卷了禹州，也涤荡着人们心目中的传统记忆。

随着钧瓷二厂的破产，最早的一批新钧瓷收藏者停止了神垕之行，拒绝收藏气窑钧瓷。他们是"集粹轩"堂主田培杰、"钧宝斋"店主于德云、《郑州晚报》的曹的、纺织科研所郭同庚、铁路文化宫王海亮、郑州铁路局王惠召、煤矿机械厂供应科申秉章、省人事厅阎七一、省商业干校徐翰秋、郑州市公安局杜贤义、画家程守贵、郑州市中原区房管所赵坤等人。这些新中国的第一代钧瓷收藏者虽然终止了他们的收藏历程，但对钧瓷仍是情未了意缠绵，家藏钧瓷给他们增添了生活的乐趣，有的则怀着对钧瓷的爱、对钧瓷的情走完了人生之路。他们收藏的每件钧瓷都有一个故事，他们收藏的过程也是一段新钧瓷发展史。老一辈收藏者瞬间退场，新一代收藏者霎时登台。那时新一代收藏者只去一个地方：禹州市钧瓷研究所。气窑钧瓷是他们收藏的唯一，他们认为这就是心目中神圣的钧瓷，他们也在编织着一个个美丽的故事。

二、钧瓷研究所时期

钧瓷研究所是当时唯一的国营企业，领导了新钧瓷的发展与创新，引导着钧瓷爱好者的价值观取向，开辟了人们审美意识的新天地。究其原因，一是强有力的领导机构。市委原书记臧文莹任名誉所长，实掌财务大权；时任禹州市副市长的赵学仁任所长，协调省、地、市各级政府与职能部门及各有关企事业单位的关系；时任禹州市文化局副局长的阎夫立任第一副所长，主持研究所全面工作；刘富安任副所长，带徒弟数十人负责造型设计；任星航任副所长，携妻子王春凤及弟子负责窑炉设计建造与烧成；丁建中负责配釉；另有文史理论研究的李少颖和技术骨干冀德强等。钧瓷研究所引进了原三大厂的一批精英，强大的技术团队使那些刚建窑的私人企业望而生畏。二是市政府给地、给钱、给政策，使其超群出众，独步一时。三是所有关于钧瓷的新闻采访，中央、省、市领导的视察，国内外专家学者、文化名人、文艺界名流的参访，都被研究所囊括。研究所呼风唤雨所向披靡，在无竞争对手的情况下独占鳌头，形成了新中国钧瓷发展过程中的"研究所时代"，也成就了艺术大师阎夫立，阎夫立成了那段时期河南钧瓷界的代表人物。

1996年11月19日，中国钧瓷艺术（香港）国际研究会及作品展览在香港尖沙咀文化中心开幕。来自日本、英国、美国、韩国等国及我国港、澳、台地区的人士参加了开幕式，钧瓷研究人员在会上展示了自己的研究成果，老艺人周有作了手拉坯表演。新华社香港分社、中央电视台驻香港记者站等12家新闻媒体作了报道，确立了钧窑的国家级地位，使参会者对钧瓷的地位和身价有了一个新的认识，增强了继承和发扬祖先留下的遗产的决心和信心，激励了神垕所有的艺人和技术人员的创新精神。这次带队的是神垕镇党委书记李志军，随行的有李金堂、周有、张麦圈、晋佩章、苗锡锦、刘建军、孔相卿等20多位钧瓷艺人。老艺人在国际大舞台上进行表演与演讲彰显了钧瓷的艺术魅力。参展的138件珍品，全是神垕民间献赠出来的。这次与会的人和物都与钧瓷研究所无关，预示着神垕钧瓷将进入一个崭新时期：私营钧瓷厂家开始叫板钧瓷研究所，传统钧瓷在老艺人手上复活。

随着国家政策向私营企业的倾斜和对国营企业的改制，加上研究所内部的纷争与分歧，研究所也必须改制重组。1997年6月，香港回归献礼返回以后，钧瓷研究所也像80年代的钧瓷二厂那样，在新闻界的高调喧嚣声中走向衰落。

钧瓷研究所一花飘香的时代结束了，却迎来了神垕钧瓷厂家的百花争艳。阎夫立远走郑州，继续活跃在陶瓷艺术的舞台上，有人在网上撰文，把阎夫立的创意钧瓷作为一个新的瓷种推荐于社会。2007年，阎夫立瓷艺以"郑商瓷"之名走向市场。

1997年，钧瓷研究所进行了改制，张金伟任所长，对研究所改弦更张，找准自己的定位，开始了新的航程，与其他私企一样，在市场经济大潮中拼搏。

1997年7月、1998年10月，孔家钧窑、金堂钧窑先后在工商局进行注册登记，带动了神垕私营企业逐步走进市场经济的大门，堂而皇之由幕后走到前台，成为钧瓷发展道路上的主力军。

1998年9月，神垕金堂钧窑的郑秋菊应邀参加了在北京举办的全国优秀妇女双学双比十年成果展。私企钧瓷作品亮相北京，受到社会关注。

三、私营企业的品牌时代

钧瓷研究所改制以后，作为一个生产单位与其他钧瓷厂家在平等自由竞争中谋求生存发展，私营企业摆脱了研究所独霸一切的权威强势，在市场经济的大环境中独立自主，各善其长，在政府的全力支持下，在各种展评会上争冠夺魁，树立自家的形象，创造自家的品牌。加上职能部门的因势利导、多种媒体全方位的广告宣传造势，私营企业在产业化、品牌化的道路上健康发展。1997年是私营企业发展史上的转折，以后，在工商局注册登记的有60多家，在竞争中优胜劣汰，涌现出一批较大规模的企业。又通过两年一次的"钧瓷文化节"和三年一届的"钧瓷名窑"评选活动，公开、公正、透明地评出名窑，树立了榜样。2005年、2008年两届"中国钧瓷名窑"评选活动中共评出名窑11家，连续两届榜上有名的有6家：孔家钧窑、金堂钧窑、荣昌钧窑、星航钧窑、苗家钧窑、建军钧窑。

从产品市场占有率、经济效益、纳税及对钧瓷文化的宣传推广等方面综合评估，孔家钧窑、荣昌钧窑、金堂钧窑被社会公众誉为当代钧瓷业前三强。

2011年，苗长强、晋晓瞳继杨志、孔相卿以后，被评为国家级"陶瓷工艺大师"。截至2012年，神垕有国家级大师刘富安、晋佩章、杨志、杨国政、孔相卿、苗长强、晋晓瞳共七人。

2011年，任星航被评为国家级非物质文化遗产钧瓷烧制技艺传承人。

获河南省工艺美术大师和河南省陶瓷艺术大师双重荣誉的有李海峰、孔相卿、张金伟、刘志军、刘建军、任星航、霍福生、刘红生、苗长强、周松建、文国政、杨俊峰、张怀强、苗峰伟、王晓伟、任英歌、李付斌、马朝阳、杨晓峰、晋晓瞳、晋艳红、田利伟、王秋红等二十多人。李海峰在为国家纳税、社会公益活动及现代钧瓷的宣传推广中成绩较为突出，被公众誉为最年轻（1975年出生）、具有发展后劲和潜力的青年艺术大师。

四、回归煤窑钧瓷

回归煤窑烧制钧瓷，并非走回头路，更不是倒退，而是一种创新；煤窑的死而复生并不意味着气窑的日暮途穷，而是新钧瓷多元化的需求、市场的需求，使钧瓷爱好者有了更大的选择空间。1990年最早在神垕钧瓷一条街开店的王爱存对笔者说："90年代去神垕买钧瓷的都会问，你卖的钧瓷是老工艺还是新工艺。"2000年，她来古玩城开店，2005年以后来买钧瓷的又会问："你卖的钧瓷是煤窑的还是气窑的？"市场的需求是催生煤窑恢复的主要因素。

2005年以后，神垕出现了一股煤窑回归潮。一些名不见经传的人开始建造煤窑，专门仿制钧瓷二厂的造型，并自豪地告诉买主："我这是老二厂釉的配方。"为了随行就市，装点门面，一些大的知名厂家也在自家厂院建起煤窑。当时大多数作坊式煤窑生产厂家都没有销售门面，也无任何促销手段，买家多是慕名而来，或是老户带新户，虽没有门前车水马龙的场面，但也能在被人遗忘的角落自由发展。他们与收藏者直接对话，相互交流，有时会按买家要求的造型定制包窑。除刘建军、刘志军、任氏家族有所创意，几个大厂家在打造品牌外，大多作坊多是仿制。他们多以谋生养家为目的，不奢望出名，更不会与大厂争名夺利。无意中，他们的产品成了收藏者寻宝探珍的对象。截至2008年，煤烧钧窑厂家有金堂钧窑、任星航窑、尹建中窑、苗宗贤窑、赵国伟窑、刘建军窑、刘志军窑、张建钊窑、薛新庆窑、晋晓瞳窑、苗河窑、李欣营窑、朱国军窑、刘瓷辉窑、张文建窑、崔松伟窑、赵国增窑、王献峰窑等19家。其中，也有兼用气窑的。

近年来，柴烧钧瓷出现，并逐步增多，且取得了较好的艺术效果和经济效益。李海峰、孔铁山、任星航、晋晓瞳等人的作品较受青睐。

五、附图

图256 钧瓷·鸡心罐，高30厘米，手拉坯
成型，煤窑烧制，底款"刘山人
造"，晋佩章作品。

图257 鈞瓷·绶带瓶，高30厘米，煤窑烧制，底款"刘山人造"，晋佩章作品。

图258 ▌ 钧瓷·凤尾瓶，高51厘米，手拉坯成型，煤窑烧制，底款"刘山人造"，晋佩章作品。

图259 钧瓷·凤尾瓶，高51厘米，手拉坯成型，煤窑烧制，底款"刘山人造"，晋佩章作品。

图260　钧瓷·回归瓶，高35厘米，口径8厘米，李海峰作品。

图261　钧瓷·弦纹罐，高27厘米，口径15厘米，李海峰作品。

图262 钧瓷·如意双耳瓶，高24厘米，口径11.5厘米，李海峰作品。

图263 钧瓷·梅瓶，高28厘米，口径2厘米，李海峰作品。

图264 钧瓷·荷口弦纹瓶，高27厘米，
李海峰作品。

图265 钧瓷·乳钉长颈瓶，高35厘米，
口径2厘米，李海峰作品。

图266 钧瓷·天人合一,直径23厘米,李海峰作品。

图267 钧瓷·蓝花釉(新创)钵,李海峰作品。

图268 钧瓷·黑唐华釉（新创）铺首盘口瓶。步步青云，李海峰作品。

图269 钧瓷·玉壶春瓶，高30厘米，煤窑烧制，晋家窑产品。

图270 钧瓷·玉壶春瓶，手拉坯成型，煤窑烧制，晋家窑产品。

图271 钧瓷·束腰尊，晋晓瞳作品。

图272 钧瓷·虎头瓶，晋晓瞳作品。

图273 ▏ 钧瓷·荷口尊，煤窑烧制，底款
"小刘山人"，晋晓瞳作品。

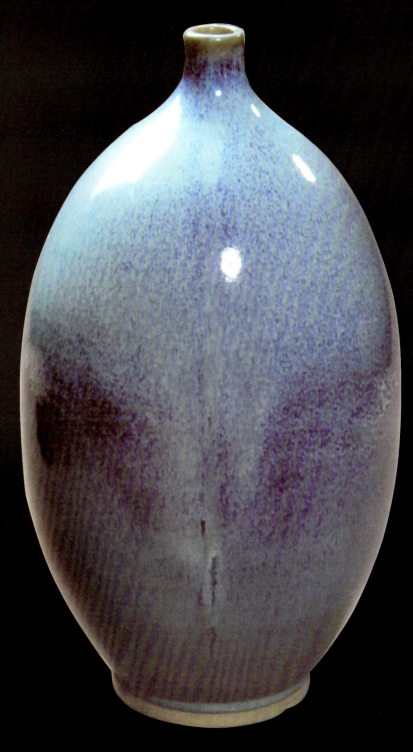

图274 钧瓷·天青玫瑰紫釉柳叶瓶，手拉坯成型，柴窑烧制，底款"小刘山人"，晋晓瞳作品。

图275 钧瓷·碧绿长颈橄榄瓶，煤窑烧制，底款"小刘山人"，晋晓瞳作品。

图276 钧瓷·天蓝红彩如意尊，高38厘
米，手拉坯成型，煤窑烧制，底款
"星航制瓷"，2012年在郑州举办
的中国当代著名陶瓷艺术家经典作
品展现场以10万元人民币成交。

图277 鈞瓷·天蓝葡萄紫如意尊，高38厘米，手拉坯成型，煤窑烧制，底款"星航制瓷"，任星航作品。

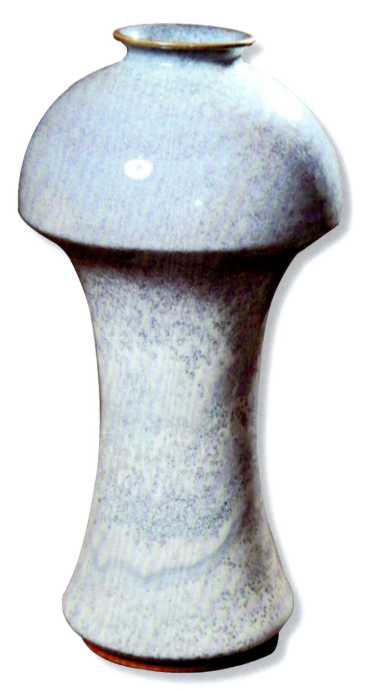

图278 钧瓷·天青蘑菇瓶，刘富安作品。

图279 钧瓷·玫瑰紫小口瓶，孔相卿作品。

图280 ┃ 钧瓷·玫瑰红天球瓶，煤窑烧制，苗长强作品。

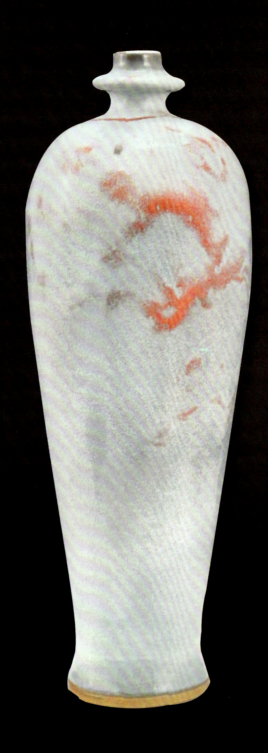

图281 钧瓷·月白釉梅瓶·飞龙在天，手
拉坯成型，煤窑烧制，底款"星航
制瓷"，任星航作品。

图282　钧瓷·玉壶春瓶，手拉坯成型，煤窑烧制，孔相卿作品。

图283　钧瓷·天球瓶，手拉坯成型，煤窑烧制，孔相卿作品。

图284 钧瓷·天青鸡心碗，高9厘米，口径
16厘米，手拉坯成型，柴窑烧制，
任星航作品。

图285 钧瓷·天青钵，手拉坯成型，煤窑
烧制，孔相卿作品。

图286 钧瓷·天青釉罗汉钵，高12厘米，口径18厘米，手拉坯成型，柴窑烧制，任星航作品。

图287 钧瓷·天蓝釉罐，手拉坯成型，煤窑烧制，刘富安作品。

图288 钧瓷·长城口沿钵，
霍福生作品。

图289 钧瓷·直口钵碗，煤
窑烧制，霍福生作
品。

图290 ▎钧瓷·丁香紫天球瓶，高23厘米，手拉坯成型，煤窑烧制，任星航作品。

图291 ▎钧瓷·鸡心罐，霍福生作品。

图292 钧瓷·玫瑰紫鸡心罐，手拉坯成型，煤窑烧制，杨志作品。

图293 钧瓷·玫瑰圆洗，杨国政作品。

图294　钧瓷·罗汉碗，高12厘米，口径15厘米，任星航作品。

图295　钧瓷·罗汉钵，杨志作品。

图296　钧瓷·钵，苗长强作品。

图297　仿钧官窑·鼓钉洗，高9厘米，口径25厘米，杨国政作品。

图298　仿钧官窑·莲花盆，张义作品。

图299　仿明钧官窑·花盆，张义作品。

图300 钧瓷·弦纹天柱瓶，苗长强作品。

图301 钧瓷·花插·蝶恋花，高34厘米，手拉坯成型，煤窑烧制，刘红生作品，2012年在郑州举办的中国当代著名陶瓷艺术家经典作品展现场以4万元售出。

图302 钧瓷·斗笠碗，手拉坯成型，煤窑烧制，刘红生作品。

图303 钧瓷·弦纹圆洗，手拉坯成型，煤窑烧制，刘红生作品。

图304 钧瓷·盘口洗，手拉坯成型，煤窑
烧制，任英歌作品。

图305 钧瓷·圆洗，任英歌作品。

图306 仿钧官窑·月白出戟尊，刘志军作品。

图307 仿钧官窑·仰钟式花盆，刘志军作品。

图308 仿钧官窑·海棠式花盆，煤窑烧制，刘志军作品。

图309 钧瓷·罗汉钵，张金伟作品。

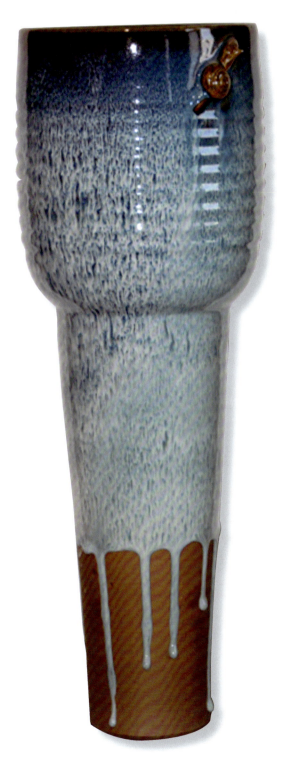

图310　钧瓷·高足敞口瓶，霍福生作品。

图311 钧瓷·小口罐，张金伟作品。

图312 钧瓷·兽首罐，张金伟作品。

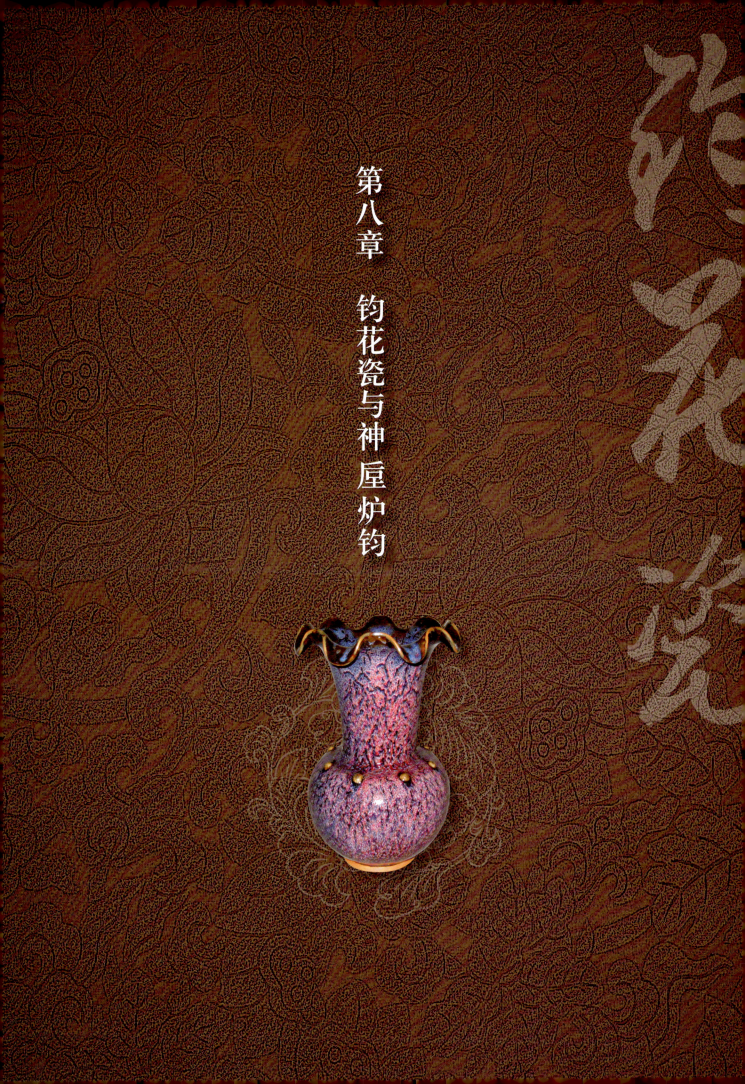

第八章　钧花瓷与神垕炉钧

一、解读钧花瓷

1.什么是钧花瓷

钧花瓷是在继承钧瓷特征的基础上的一种创新，是从钧瓷衍变出的一个品种，釉色华丽鲜艳，丰富多变；纹路凹陷见胎，状如沟壑，是新钧瓷的另类，或是现代钧瓷艺术的一个流派。正名之前，烧者自称禹窑瓷、立体釉、缩釉、钧花釉、创新钧瓷等，这些概念均不能反映钧花瓷一般的本质特征。

2.钧花瓷的工艺特征

钧花瓷的胎骨与新钧瓷的胎骨一样，烧成工艺也与钧瓷一样，与钧瓷既连着骨头又连着筋。

（1）多种着色剂

钧瓷着色剂主要是铜元素，次用铁元素。钧花瓷首先用的也是铜、铁着色剂，但在釉料中引入铬元素，可以使釉色成为绿色调。其次，是钛元素与铁元素的巧妙配比，或是铜、铁、钴、铬、钛、锌的选择搭配、重叠，混合使用，某一种元素的增减或随意搭配就会使釉面发生色变，呈现出五彩纷呈的效果。

（2）结晶釉的使用

结晶釉是油滴天目瓷和茶叶沫瓷的特质。

钧瓷属乳浊釉，液液分相是分散相和连续相构成的基体。钧花瓷把透明釉、结晶釉、乳浊釉根据艺术效果的需要搭配使用，特别是结晶釉的科学使用，使器物釉面出现微观意境。

（3）施釉工艺的多样化

钧瓷上釉一般包括浸釉、蘸釉、荡釉、刷釉、喷釉等手法。钧花瓷除以上方法外，有自己独特的方法和施釉工艺。

（4）复烧技术

钧瓷烧成一般分三个阶段：氧化、还原、弱还原。釉变的图案和色彩是整个烧制过程中窑变的综合作用形成的结果。由素烧到釉烧两次烧成。当今绝大部分厂家用液化气或天然气作燃料。钧花瓷煤、气兼用。多彩釉面采用煤窑复烧法，可在窑内多次重复。多种釉色交错使釉面多彩鲜亮。

3.钧花瓷出现的来龙去脉

时间在1997年前后，地点是禹州市钧瓷研究所，主导阎夫立，配釉丁建中。

阎夫立主持研究所工作以后，提出了对传统钧瓷继承、发展、创新的宗旨。丁建中回忆说："当时刘富安副所长是管造型的，任星航副所长是负责建窑炉的，我是负责配釉的。阎所长指示，让我在釉液的配制上不墨守成规，要大胆创新，我首先在釉中加入铬，出现了绿色，又用了钛和钴元素，出现了与传统钧瓷完全不同的效果，但受到主要领导的批评，说是偏离了钧瓷的基本特征，但阎所长鼓励我，让我继续实验，我又配出十几种釉。正在这时，阎所长要创作五百罗汉像，要求一个罗汉一种釉色，这个任务又交给了我，我又配出了几百种釉料配方。"梁青扬回忆说："大概是在一次汇报会上，丁建中把自己的配方全部交给领导。我是1998年进研究所的，那时已开始用丁建中的配方，烧制出精美的豆豆壶系列。2003年跟阎老师进驻郑州大学，对研究所的配方又经过两三年的革新，工艺基本稳定。2010年回老家建窑烧钧花瓷，也搞创新。"王秋红回忆说："阎老师编著出版《中国钧瓷》一书时，书中的精品标本多是研究所时期烧制的，我帮助阎老师抄写，学习了不少东西。2003年随阎老师到郑州大学后，又学了造型与配釉。2008年回禹州创建钧缘阁，继承了阎老师的风格。"韩晓东回忆说："我是2004年去郑州大学向阎老师学习钧花瓷的。师姐王秋红学会拉坯已到前厅讲解了，师兄梁青扬管配釉，他已掌握各种配釉、上釉和烧制工艺。我学了一年多，阎老师教了我很多瓷艺技术。2006年回神垕，创立韩晓东钧艺工作室，用气窑烧制缩釉、迸釉，还用煤窑搞复烧，最多的复烧八遍。"

阎夫立2003年进驻郑州大学，建立了夫立瓷艺工作室，又与郑州大学合建郑州大学陶瓷文化研究中心，对带到研究中心的几百种釉方进行了优化和创改，形成了自己的风格，继邢良坤之后开创了又一新的瓷种。田培杰2007年为《河南陶瓷》杂志撰文《新瓷种时代的到来》，肯定了阎夫立瓷艺是一个新瓷种。后来，阎夫立把自己的创新瓷艺命名为"郑商瓷"，摆脱了钧瓷界对他的产品不是钧瓷的种种流言蜚语，自成一家体系，向更高境界的艺术瓷发展。

4.钧花瓷命名的前前后后

阎夫立的"郑商瓷"走上市场时也遇到一些议论，说它承继无根基，不伦不类。但美的东西就是美的，从创新思路和当代审美价值观以及审艺学多方面评价，他的瓷艺仍是河南陶瓷中的一枝奇葩。

禹州生产此类钧瓷的约有10家，专门生产的有4家，已形成各自的特征和风格。王秋红和梁青扬风格接近于阎夫立，韩晓东风格接近于丁建中。他们的作品常常会遇到名不正言不顺的尴尬。一是，你烧的瓷器不错，像沟壑，像干裂的黄土地，很有震撼力，这些能不能叫钧瓷？二是，业内不认可，说他们烧的不是钧瓷，花里胡哨，玷污了钧瓷的盛名。三是，展览会上与传统钧瓷同台，总有"异类"之感。四是，爱好者买回家里陈设，别人见了会问：这瓷怪好看，是什么瓷？五是，也有人不问瓷名，只看艺术效果，但自己当钧瓷卖总有点心虚。自己烧的瓷像一个孩子，长了十几岁，连个名字也没有，总是心存遗憾。

2010年编写本书第一次审稿时，大家异口同声把彩瓷、新工艺、钧花瓷这三种瓷排除了，因为它不是传统意义上的钧瓷，一直到2011年年初初稿快完成时，有位北京朋友拿了一件阎夫立的作品让本书主编之一的田培杰给他正名，也有朋友拿韩晓东的作品来找田培杰评赏，说是很喜欢，这样好的瓷器究竟叫什么钧瓷？听别人多次提出疑问，才产生为这几家同类的瓷起个名字的动议，也好让它们名正言顺地走向市场。"钧花瓷"概念就此产生。编委会全体成员一致认为"钧花瓷"的概念可以站住脚。其一，胎骨是钧瓷的；其二，窑炉是钧瓷的；其三，烧成工艺是钧瓷的；其四，主要着色剂铜、铁是钧瓷的；其五，地点在钧瓷原生地钧都神垕；其六，烧者都是禹州或神垕人，姓"钧"无可驳辩。"花"指器面的色彩和纹路变化。又因为它具有瓷的所有特征，所以为其定名"钧花瓷"，并在书中写了专章。推崇钧花瓷，宣传钧花瓷文化，研究钧花瓷工艺，使钧花瓷在陶瓷市场有一席之地，避开规模化大生产，不断发展，变强变精，使其成为钧瓷中的一个新品种，是钧瓷在新的历史时期发展创新、与时俱进的体现与证明。

"钧花瓷"命名成立，要得到社会和业内认可，还要依靠新闻媒体的帮助，使钧瓷中的这枝奇葩更加鲜艳夺目。

最后要说明的是，民国年间黄濬著《花随人圣庵摭记》记述："光绪二十年因西人重花瓷，钧瓷价腾涨至万金以上。"欧洲人把钧瓷放到花瓷类，今天所称钧花瓷算是找到一点历史根据。

陈万里在《中国青瓷史》一书中提到："余意宋钧器型，如花盆等，也显为汉统作派，非女真风调。又按钧器在宋时似称'青瓷''花瓷''红瓷'，虽立于禁中，但不以钧称。"陈万里先生所说在无"钧瓷"之名前称花瓷，与现在的"钧花瓷"概念完全不同。

二、神垕"炉钧"的继承与创新

1.炉钧阐释

神垕炉钧是相对景德镇炉钧而言。王金合在《我的炉钧艺术》一文中提出北方炉钧和南方炉钧的概念。田培杰认为还是神垕炉钧与景德镇炉钧较为确切。

景德镇炉钧始烧于清雍正时期，到乾隆、道光时仍有烧制，质量稍逊于雍正炉钧。以后停窑，直到今日，景德镇无人再仿，留存于世的景德镇炉钧成了古董，并出现在拍卖市场，价格在10万～100万元之间，甚至有千万以上的，较之元钧价格尤高。

神垕炉钧是指光绪年间神垕卢氏仿"古钧"之釉色，于民国年间形成的一个新的品种。20世纪90年代市场上有人出售卢氏仿钧器梅瓶，价高于钧瓷二厂产品十几倍。到神垕说起炉钧竟然是家喻户晓，已形成一种"炉钧"文化。

2.卢俊岭现代炉钧

卢俊岭是卢氏钧瓷的第四代传人，祖上卢天福是神垕炉钧的发明人。卢氏钧瓷的窑炉俗称鸡窝窑，风箱助火，烂炭作燃料，炉膛很小，一次装满烂炭，匣钵置于烂炭上，周围再塞实烂炭，炭烧尽，器物成。这应该是卢天福的创造。

民国《禹县志·货殖传》记述："卢天福居禹西神垕镇。镇故瓷场皆日用盘盂粗器，而古钧瓷久为希世之珍，或掘地得之佳者一事可值数百金。天福思绍绝业，采料配釉，久之始成，以充古瓷射重利。初有田数十亩，制瓷毁尽，至是复之，其技甚秘，止授其弟天恩，久之渐泄，能者日多。新钧瓷遂名于世，泰西（西方）赛会亦估善价，天福之所遗也。"

卢天福将卢氏钧瓷技艺传其子卢广同、卢广文；卢广文传其子卢正兴；卢正兴传其子卢俊岭、其女卢改；卢俊岭传其子卢占召，卢改传其女闫芸萱。

3.王金合现代炉钧

王金合现代炉钧始创于2006年。当时，他并不详知清雍正炉钧，是从北京一位索先生手中的一张照片受到启发而进行实验，以后，又根据1998年出版的《诗话钧瓷》中的清炉钧照片，再进行反复研制的，2007年已开始小批量试生产。他烧制的仿炉钧釉、炉钧金斑釉、炉钧桃花片受到钧瓷爱好者的关注，因此，名声大噪，到神垕镇，只要言及炉钧买卖，首指王金合窑场。一时间，王金合成了神垕炉钧的代名词。

王金合仿清代雍正炉钧后，窑炉砌叠，烧造工艺和卢氏钧瓷互相补充，合二为一，形成了当代的神垕炉钧。

4.神垕炉钧与景德镇炉钧的区别

（1）烧成工艺

景德镇炉钧为高温素烧，低温釉烧；神垕炉钧为低温素烧，高温釉烧。

（2）窑炉

景德镇炉钧为小窑炉匣钵装烧；神垕炉钧为大窑炉匣钵装烧。

（3）胎质

景德镇炉钧为白胎，质地细腻；神垕炉钧为香灰胎，质地粗糙且坚实。

（4）器面艺术效果

景德镇炉钧因为是低温烧成，釉液流动轻缓纤细，呈现出紫、蓝、月白垂流状斑点；神垕炉钧因为是高温烧成，釉液流动起伏波动，有金色、银色、桃色、紫红斑块，浑然窑变成千姿百态的图形，使观者浮想联翩。

三、附图

图313 钧花瓷·三足鸡心罐，阎夫立作品。

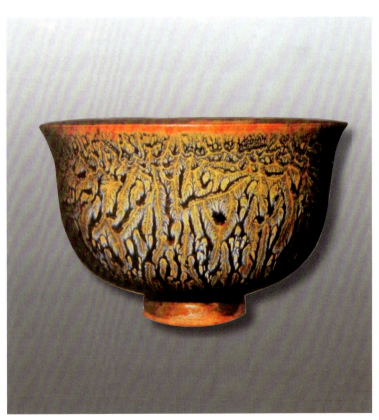

图314 钧花瓷·三足鸡心罐，阎夫立作品。

图315 钧花瓷·豆豆壶系列之一，阎
夫立作品。

图316 钧花瓷·豆豆壶系列之二，阎
夫立作品。

图317　钧花瓷·豆豆壶系列之三，阎夫立作品。

图318　钧花瓷·包口壶，阎夫立作品。

图319 钧花瓷·豆豆壶系列之四，阎夫立作品。

图320 钧花瓷·豆豆壶系列之五，阎夫立作品。

图321 钧花瓷·水滴系列之一，阎夫立作品。

图322 钧花瓷·水滴系列之二，阎夫立作品。

图323 钧花瓷·水滴系列之三，阎夫立作品。

图324 钧花瓷·水滴系列之四，阎夫立作品。

图325 钧花瓷·纳福瓶，阎夫立作品。

图326 钧花瓷·高士瓶，高33.1厘米，丁建中作品。

图327 钧花瓷·直口瓶，丁建中作品。

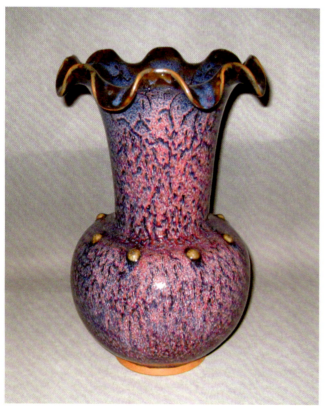

图328 钧花瓷·荷口瓶，高29.8厘米，口径17.9厘米，丁建中作品。

图329　钧花瓷·安居瓶，高28厘米，口径18.8厘米，丁建中作品。

图330　钧花瓷·贯耳瓶，高25厘米，口径15厘米，丁建中作品。

图331 鈞花瓷·渣斗，高12.3厘米，口径 11.3厘米，丁建中作品。

图332 鈞花瓷·坛式瓶，高20.8厘米，丁 建中作品。

图333 ▎钧花瓷·葫芦瓶·五子登科，阎飞作品。

图334 ▎钧花瓷·胆瓶·龙凤呈祥，阎飞作品。

图335 钧花瓷·龙凤呈祥，王秋红作品。
2012年在郑州举办的中国当代著名
陶瓷艺术家经典作品展现场以2万元
成交。

图336 钧花瓷·旺鼎，王秋红作品。

图337 | 钧花瓷·小口罐，王秋红作品。

图338 | 钧花瓷·小口瓶，王秋红作品。

图339 | 钧花瓷·锦上添花，王秋红
作品。

图340 | 钧花瓷·坛·古风，王秋红
作品。

图341 钧花瓷·方口钵，韩晓东作品。

图342 钧花瓷·敛口钵，韩晓东作品。

图343 ┃ 钧花瓷·钵碗，韩晓东作品。

图344 ┃ 钧花瓷·圆洗，梁青扬作品。

图345 钧花瓷·鹅颈瓶，梁青扬作品。

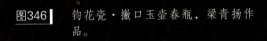

图346 钧花瓷·撇口玉壶春瓶，梁青扬作品。

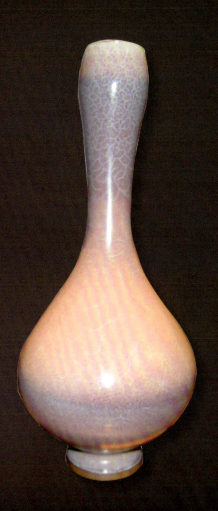

图347 钧花瓷·鹅颈瓶，梁青扬作品。

图348 钧花瓷·鹅颈瓶，梁青扬作品。

图349　钧花瓷·阴阳罐，张金伟作品。

图350　神垕炉钧·出戟尊，卢俊岭作品。

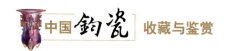

图351 | 神垕炉钧·出戟尊，卢俊岭作品。

图352 | 神垕炉钧·胆瓶，卢俊岭作品。

图353 ▌ 神垕炉钧·胆瓶，卢俊岭作品。

图354 ▌ 神垕炉钧·加板炉，卢俊岭作品。

图355 神垕炉钧·盘口梅瓶，卢俊岭作品。

图356 神垕炉钧·鱼瓶，卢俊岭作品。

图357　神垕炉钧·虎头瓶，王金合作品。

图358　神垕炉钧·葫芦瓶，王金合作品。

图359 神垕炉钧·蒜头瓶，霍福生作品。

图360 神垕炉钧·碗口玉壶春瓶，霍福生作品。

图361　神垕炉钧·鸡心罐，王金合作品。

图362　神垕炉钧·鸡心碗，王金合作品。

图363 神垕炉钧·丰肩瓶，王金合作品。

图364 神垕炉钧·小口观音瓶，王金合作品。

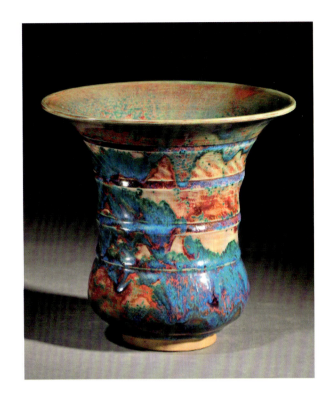

图365 神垕炉钧·宽带洗，王金合作品。

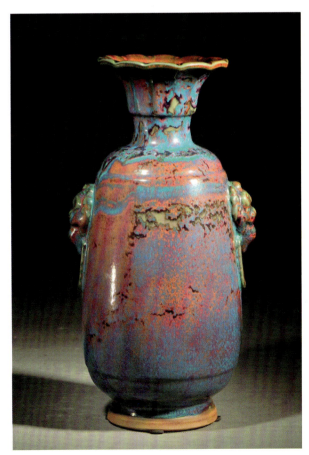

图366 神垕炉钧·福虎瓶，王金合作品。

图367 神垕炉钧·乳钉洗，王金合作品。

图369 神垕炉钧·撇口胆瓶，张义作品。

图368 神垕炉钧·桃形单把洗，王金合作品。

图370　神垕炉钧·包容天下，李海峰作品。

图371　神垕炉钧·弦纹鸡心罐，李海峰作品。

图372 神垕炉钧·鸡心花口罐，李海峰作品。

图373 神垕炉钧·融合钵，李海峰作品。

图374　神垕炉钧·弦纹水滴瓶，李海峰作品。

图375　神垕炉钧·玉壶春瓶，张义作品。

图376 神垕炉钧·鼓钉圆洗，张义作品。

图377 神垕炉钧·异形钵，张义作品。

第九章　收藏与鉴赏浅谈

一般来说，收藏与鉴赏是两个过程，前者是行为过程，后者是心理过程。收藏是收集藏存起来，开始仅指文物，后来泛指一切艺术品和珍稀物品；鉴赏是对一切文物和艺术品的鉴别和欣赏。收藏是一种兴趣、嗜好，也可以说是一种文化，也有人把它当作一种投资；鉴赏是自我欣赏，是一种自娱自乐的文化境界。收藏和鉴赏是相辅相成的愉悦享受过程，有了鉴赏的真知灼见，才能有临场的识真辨伪，最终收集到中意的物品。收藏也是一个学习过程，这个过程比得到更使人心旷神怡，其乐无穷。

新钧瓷收藏的潮流是从20世纪80年代初期开始，直到今天，可以说是高潮迭起。新钧瓷生产的规模化、营销的市场化，使越来越多的人跟风赶潮，促进了新钧瓷产业的繁荣发展。新闻界的宣传造势，地方政府的扶持引导，民间专业学会的组织展评，大企业名目繁多的广告等，对弘扬钧瓷文化起到了推波助澜的作用，于是乎，新钧瓷名声大振，在河南，特别是郑州的周边城市，可以说是家喻户晓。新钧瓷已走进寻常百姓家，即使是打工者的租屋，也摆放一两件新钧瓷，新钧瓷成了家庭富贵和文化品位的象征。拿新钧瓷馈赠亲友成了时尚，钧瓷文化的普及成了一种社会现象，钧瓷的诱惑力，吸引了不同层次的人，他们抱着不同的目的走进了收买新钧瓷的行列，越走越远，越收越多，越多越迷惘，有部分人感到茫然若失，家里堆放的新钧瓷反而成了累赘；高价买到的名牌、名家的新钧瓷也成了负担，有人玩了十几年的新钧瓷，竟不识"庐山"真面目，把现代出载尊、鼓钉洗、花浇壶、双龙尊、玉壶春等，都说成是宋徽宗谕旨烧造的36件宋瓷之一（此说纯属杜撰），还有人说，钧瓷就是宋代所有皇帝用过的瓷，使人啼笑皆非。因此，关于钧瓷的收藏与鉴赏的工具书出版迫在眉睫。本章从守护与创新、鉴别与欣赏、陈设与收藏等方面予以浅述。

一、守护与创新

1.守护传统

守护作为动词是看护和保护的意思，对钧瓷的保护具体指什么？应该是钧瓷固有的工艺特征和文化内涵，这种工艺特征和文化内涵是要通过对烧造工艺流程的坚守并以作品为载体来体现出来的。具体来说，就是要守护窑炉、形体（造型）和釉色。传统钧瓷工艺是历史遗留下来的，它像一个小仓库把历代钧瓷文化保存起来，现代人可根据自己的需要去挑选，进行新的诠释，然后进行创新，使其发展。既是仓库，就得有守护者，谁是守护者？守住了什么样的传统？

（1）传统煤窑烧制工艺的守护者

直到2011年12月，作坊只有一座煤窑或柴窑的有薛新庆、张建钊、王金合、张文建、苗河、赵国增、王发亮等。

（2）传统釉色的守护者

这里所指的不仅是使用传统釉色，而且还要限定在传统煤窑和柴窑烧制工艺，釉药采用铜元素和铁元素，烧成器面色彩是红、紫色系与蓝、青色系。器面色彩应纯正无瑕。据笔者调查，直到2011年12月，坚守传统釉的有薛新庆、张文建、张建钊、苗河、赵国增等。

（3）传统造型的守护者

关于造型的传统守护者表现在三个方面，一是器物遵循高不过尺的标准，如钧官窑陈设类钧瓷出戟尊，花盆一般都在30厘米以下。台北"故宫博物院"最大的出戟尊标本为24厘米。二是器物装饰简单，仅有耳饰、弦纹、乳钉或鼓钉。三是器型一贯制，仅指出戟尊、鼓钉洗、葵口式花盆、虎头瓶、活环瓶、玉壶春瓶、梅瓶、鹅颈瓶、胆瓶、六方瓶、四方双连瓶、荷口玉壶春瓶、穿带瓶、飞虎扁瓶、三足炉、夹板炉等20多种造型。

能做到以上窑炉、釉色、造型三项的，当前仅有薛新庆、张建钊、苗河、李和振等人。所以说他们是钧瓷传统工艺守护者的代表人物。

2009年中国文化遗产日，上海"民博会"邀请100多位专家、学者就中华元素开了个座谈会，会上有专家讲，一种形式或一种形体，如果经常地、反复地出现，就会变成一种固定的文化象征。钧瓷亦如此，出戟尊成了古钧瓷文化的象征；虎头瓶、活环瓶、梅瓶、观音瓶、胆瓶、鹅颈瓶、荷口玉壶春瓶、象鼻六方瓶等这些七八十年代三大钧瓷厂的作品几十年来一直在反复出现，因此，这些造型就成了新钧瓷的象征、新钧瓷的灵魂，人们常常依赖记忆中的这些造型来概括新钧瓷本身，它们成了共和国新钧瓷的符号。传承是根，守住根，才会有枝叶繁茂。创新离不开守护，离不开标本。

2.钧瓷的创新

创新作为动词,解释为抛开旧的创造出新的,一般叫破旧立新,重点在"新";作为名词,解释为创造性,创造出来的事物具有新意,这种新意应该是在旧的基础上经过改造赋予新的内容和形态,破旧立新,并不是灭旧,是继承基础上的发展。现代艺人和工匠摆脱传统工艺束缚,造型和装饰向精神和文化符号方面发展,向堆塑中华元素发展,赋予传统钧瓷新的生命力,新钧瓷创新的概念应指创造性。

（1）创新造型

鼎类:方鼎、圆鼎。大的1米多高,小的也在30厘米以上,大都是仿商、周青铜鼎造型。

尊类:和尊、坤德尊、富贵尊、九龙尊、龙凤尊、中华尊、威武尊、鼎盛尊、和谐尊、太平尊、吉祥尊、将军尊、四足平安尊等。

人物类:财神像、释迦牟尼像、观音站像、观音坐像、寿星、八仙、关公、李白、济公、弥勒佛、千手观音、古代四大美女等。

象征物类:福禄（葫芦）如意、五福（蝠）临门、前途（兔）鸿福、至尊金鸡、四海欢歌（鸽）、吉庆有余（鱼）、圆（盘）满和谐、连（莲）升三级（戟）等。

组合物类:平安富贵（花冠皇冠）、福禄寿（蝙蝠、鹿、鹤）、凤（凤凰）鸣九天、龙（瑞龙灯笼）啸中华、如意归（龟）来、紫气东来（老子出关）、爱我中华（龙首长城）、日进斗金（元宝钱币）等。

（2）施釉工艺的创新

为了达到露出胎骨的艺术效果,用缩釉工艺或立体釉法使器面出现峡谷或土地干裂的效果,多用于艺术装饰釉。

胡涂乱抹法。不按规程抹斑,用一种或多种釉在器面胡涂乱画,会出现意想不到的意境。

（3）多种釉并用法

玻璃釉（透明釉）、乳浊釉、结晶釉配合使用或并用。

二、鉴别与欣赏

1.鉴别

鉴别：也叫识别，主要是从朝代上去认识，虽不是重点，也需有这方面的基础知识。

（1）金、元钧瓷鉴别

根据台湾艺术家出版社1988年出版的《宋元陶瓷大全》、1999年台湾出版的《故宫藏瓷大系·钧窑之部》以及大陆出版的《中国艺术品收藏鉴赏全集》、赵青云主编的《中国钧窑瓷》等书，运用对比学排除法进行识别即可。对文物钧瓷进行收藏不是一般人的事，识别真假也不是本书的重点。应该指出的是，《故宫藏瓷大系·钧窑之部》一书中对1988年出版的《宋元陶瓷大全》所标的宋钧作了重新标示，对48件陈设钧瓷出戟尊、鼓钉洗、花盆、盆托去掉了"宋"字，只标示钧瓷，但不影响升值空间。如果是2006年以后出版，钧瓷前面的时代会加上"明初"。另对《宋元陶瓷大全》中的天蓝如意枕、天蓝长方枕、天蓝红斑碗重新标示为元代，对玫瑰紫碗和玫瑰红碗标示为明仿钧。

（2）清代炉钧

根据台湾出版的《清代单色瓷》和1978年以后的拍卖会上标示的清雍正、清乾隆炉钧，可进行对比识别。清炉钧为低温釉。

（3）今仿炉钧

2005年始，王金合使用传统馒头窑，用煤作燃料，在高温气氛中烧制出仿炉钧釉、炉钧金斑釉、炉钧桃花片，当时是一种创新，被誉为现代钧瓷中的一枝奇葩。三年后，会者众多。王金合成了仿清雍正炉钧的先行者。他的作品也成了模仿的标本，现在市场上的炉钧即指此类。

（4）共和国官窑钧瓷

共和国官窑钧瓷的概念始于2006年。当时古玩城对面开了一家钧瓷店，专卖七八十年代钧瓷一厂、钧瓷二厂、国营瓷厂的产品，门匾上写着"共和国官窑钧瓷"，此后收藏者或爱好者称这些产品为官窑钧瓷。这家钧瓷店停业关门后，业内还是把钧瓷二厂的产品当作稀珍寻觅。也有外地爱钧瓷者称原钧瓷二厂的产品为"文革瓷"。对此阶段的钧瓷可根据第二章、第三章和第六章的彩版标示对比识别。

（5）气窑钧瓷

气窑钧瓷指1993年用液化气作燃料以来烧制的产品，有工艺钧瓷、艺术钧瓷和少数传统钧瓷，只有优劣之分，没有真假辨识。

2.欣赏

欣赏，一般是对艺术品说的，也针对一切美好的事物，如自然风光。欣赏，是一个精神享受过程，也是一种创造活动。黑格尔用了一个生动比喻：一个小男孩，将一块石头投入水中，他看到水的涟漪不断扩大，他欣赏自己的创造，从中得到无比欢乐……欣赏钧瓷的过程中可领略到钧瓷艺术的情趣，欣赏钧瓷的过程也是对一件钧瓷的评判和探索过程。这个过程可从以下几个方面陈述。

（1）直观感受

根据《色彩美学》和《艺术欣赏》所论色美以感目、意美以感心原则，当人们看到一件钧瓷时，视觉直观的作用使心灵受到感动，会产生一种"很好看""很美"的瞬间印象，由视觉印象引起一个人的审美注意而开始欣赏过程。西方的"审艺学"理论，把"审美"和"审艺"分成两个概念，但都是从视觉经验开始的。

（2）心灵感应

对一件钧瓷的欣赏开始以后，由外部造型和器面釉色逐步向情感意蕴内层深入。一个人对色彩与形体的灵敏度，又增加了视觉的感受力，继而增加心理活动趋势，构成直觉感悟的前导，这时心灵感应上就会出现欣赏高潮的预备情绪。

（3）意象领悟

一件优秀的钧瓷作品，都隐含着作者丰富的思想情感，有着丰富的精神内涵，就是常说的会看的看门道，不会看的看热闹。一件钧瓷的内涵是透过意境表现出来的，内容和形式互相渗透，达到审美和审艺的统一，通过审美感觉的心理活动，对这件钧瓷做进一步探知，达到对内层意蕴的领悟。

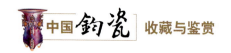

（4）领悟愉悦

对一件艺术钧瓷的领悟达到一定的水平，理性参与到欣赏活动当中，开掘出一个深度的智慧结晶，结合以往的审美经验，诱发出心灵深刻而强烈的情感动力，达到精神上的愉悦、享受，甚至陶醉在欣赏过程中，有时会有余味未尽之感。

（5）评赏过程

以上四点有些专业化，应该说是针对艺术家或对有一定艺术水平的人来说的。对普通大众，评赏一件钧瓷，除总体把握外，要寻找出记忆中主要的造型特征与釉色特点，特别是同一造型器面上的釉色变化，确定这件钧瓷在心目中的地位，然后说出一二三来，这种说法不是一瞬的感觉，而是理性的，并有一定的说服力，向别人讲解，说服别人的过程就是评赏过程。

（6）意境图案的发现过程

意境图案是1993年液化气烧制钧瓷以来一种审视钧瓷的现象。纯正无瑕的玫瑰红、葡萄紫在器面上罕见时，取而代之的就是多种色彩的交错重叠，液相流淌如瀑，缥缈如云，朦胧雾幔中可透出图像意境，同一器面会有多种解读。特别是近十年来，不同的人会找出不同的景观，如山丘江河、花鸟虫鱼、龙凤鹤龟、人文景观、历史人物、星月宇宙等。有些器面实似东海日出、弥勒悟道、塞外长城、东海朝阳、麒麟送子、雪舞晴空、落日熔金、瑞雪丰年；有些器面则雾里花影、水中映月，似有似无、影影绰绰；也有些牵强附会，掩盖了钧瓷艺术的本质，或是误解了钧瓷固有的特点。日复一日，在一部分人中习以为常，似乎成了评赏钧瓷的标准。传统钧瓷复烧后，又回归到钧瓷固有的特征上来。钧瓷一定姓钧，离开本质特征的只能叫钧花瓷。

三、陈设与收藏

1.陈设

（1）以陈设、装饰住室为目的

陈设钧瓷的概念始见于台湾出版的《故宫藏瓷大系·钧窑之部》一

书，专指出戟尊、鼓钉洗、花盆以及盘、碗之类食用器。现代新钧瓷已失去生活中的使用价值，全部是工艺陈设瓷，只有一个用途——装饰。这里讲的陈设专指目的性。当前绝大部分钧瓷买家是为了家庭装饰，自我欣赏。

（2）交流研究自我欣赏为目的

郑州有部分文化品位较高的收藏者，买钧瓷是为了享受钧瓷的美感，欣赏钧瓷的愉悦，有时还邀人一同研究探索窑变的原理，找出器面上的意境，有时甚至有些钻牛角尖。

（3）该出手时就出手

这些收藏者应是准收藏家。他们有雄厚的经济实力和广泛的人脉关系。有的企业家看上一件钧瓷，为了不失身份，多为一口价；有的收藏者、投机者会故作姿态后，以最低价收买，然后以高于买入价十几倍的价格出手，还落了个慷慨舍珍的气度。

2.收藏

（1）钧瓷收藏的投资（机）心理

把钧瓷收藏作为投资手段具有普遍性。这种投资心理潜伏着投机性，特别是对大师级的作品，不管好坏，尽收囊中，而且想快进快出，大赚一笔。结果是一件也没卖出，随着时间流逝，人们对大师渐渐淡忘，升值空间越来越小。堆放在家里的瓷器成了包袱，到处找人出手，承受着降价也卖不出的悲哀，成了对投机心理的最终报复。

（2）玩钧瓷

这个群体，一是离退休干部，二是离退休教育工作者，三是书画爱好者，四是都市村庄坐收房租的房主等。这部分人在郑州形成一个群体，用他们的话说：玩玩，愉悦心情，陶冶情操。买来钧瓷除自己欣赏外，大多转送亲朋好友。与朋友交谈起来，以自己玩钧瓷感到自豪，还说玩钧瓷也是一种境界，有利于健康长寿。

（3）钧瓷收藏家

郑州有多少新钧瓷收藏家，河南有多少钧瓷收藏家，是个很难查清的事儿。

现在很少用钧瓷收藏家来称呼某个钧瓷收藏者，都用大玩家来称谓。大玩家又分两个层次：一是资金雄厚、文物知识丰富、鉴赏能力高深的玩家，这些人只收1948年以前的老钧瓷，不过高古瓷很少在场面上和社会公众面前露面。这些人的行踪有一定的神秘性，其收藏品中仅有5％是共和国官窑钧瓷。二是选精择优，敢出大价钱的玩家，表现出慷慨大气的做事风格。如，有位书画家一次性付款包煤烧钧瓷三窑，一年投入60万元购煤烧钧瓷，促进了煤窑家庭作坊的巩固与提高，在守护传统钧瓷工艺方面作出了贡献；以曹俊孝为首的小团队，最多时一星期去神垕四次，有时一次会购买15万元的煤窑钧瓷，对扶持煤窑作坊的发展创新起到推动作用，在弘扬钧瓷文化上不遗余力。还有哈尔滨的李家旺、平顶山的梅国建、许昌的王忠全、郑州的高建欣等，他们都是传统钧瓷工艺的守护者。这些钧瓷收藏者从不登大企业之门。

（4）收藏对象

①从时间段分：1988年以前共和国钧官窑的产品为首选（国营瓷厂、钧瓷一厂、钧瓷二厂）。2000年以后，私营钧窑生产厂家的煤窑产品为次选。

②从造型上分：共和国钧官窑获奖造型为首选，2000年以后私营钧瓷生产厂家的煤窑创意作品为次选。

③从瓷类上分：共和国官窑老工艺产品为首选，2000年以后所有煤窑烧制的精珍产品为次选。

④名家品牌，仍以煤窑为主，国家级大师精品为首选。

四、新钧瓷识别

1.对共和国钧官窑的识别，一是用一般文物界鉴别文物常用的"对比学排除法"，拿手中的钧瓷与彩版上的标本比照，能弄到实物标本对比更好。二是用肉眼在强光下直观器物釉面，可窥见釉面层有密密麻麻的针眼或松散的猪毛孔。三是器物釉面为亚光，玉脂感强（是液液分相的乳浊釉形成的）。四是直观釉面浑厚、凝重。

2.新煤窑钧瓷产品的识别

新煤窑钧瓷几乎全是仿老钧瓷二厂的造型与釉色，少数是仿一厂和国营的造型与釉色的，且多是获奖造型。一是从造型尺寸和量比度与标本对比，可一目了然；二是新煤窑钧瓷器面光亮新鲜；三是新煤窑钧瓷器面釉层的针眼较隐匿，用放大镜才可窥见。

3.新煤窑仿钧瓷二厂作品与气窑仿钧瓷二厂作品对比识别

对同样一个器型，煤窑和气窑凭单独直观感觉确实难辨真伪。液化气烧制钧瓷的工艺技术经过20年的发展基本成熟并稳定。模仿钧瓷二厂煤窑的作品，与现在新建的煤窑、柴窑的产品越来越接近，甚至真假难辨。《中国钧瓷年鉴》在产品产量一节中写道："到2008年，禹州近百家企业中用煤烧钧瓷的有18家，年产煤烧钧瓷6万余件，其中，在各种会展评比中获奖作品有2000多件。而53家气窑钧瓷生产厂家年产钧瓷180万件（不包括没在工商局注册登记的家庭作坊），没有统计获奖件数。"没有数字对比，也就不能从评比中得知煤窑优于气窑。展会上评委们能否分辨出哪个是煤窑，哪个是气窑也不得而知，但收藏仍以煤窑为首选。

对煤窑和气窑作品的识别，就当前来说有两种方法：一是有经验的煤窑生产厂家和收藏者，用眼睛可直观看出区别；二是用放大镜看釉层中有无针眼。

4.国礼钧瓷

钧瓷作为国家领导人和政要出访或接待外国友人和政要的礼品，始于1964年，当时，国家领导人参加国际会议，带去的礼品就是神垕钧瓷。以后外交部用钧瓷作为礼品的还有多次（前文已述）。近几年，钧瓷生产形成了产业化、规模化，钧瓷名窑、名家不断涌现，创新发明层出不穷。钧瓷作为国礼也是屡见不鲜。不管哪家的钧瓷成了国礼，仅指选用的那件礼品，非指那家企业所有钧瓷，后来又生产的同样造型，只能是国礼钧瓷的仿制品，不能以"国礼钧瓷"收藏。

五、钧瓷窑变特质

钧瓷窑变意境是每个钧瓷厂家和收藏者追求的目标，正如熊寥在《陶瓷美学与中国陶瓷审美的民族特征》一书中概括的："无论陶瓷艺术如

何发展，它都追求一个共同的目标，即以自然天成为最佳境界，其装饰意象往往以妙造自然为胜事，即丝毫不露人工雕琢痕迹地再现自然界某种物象的风貌，并力求达到鬼斧神工、浑然天成的地步。"钧瓷窑变的神奇莫测，使其他窑口望尘莫及。但新钧瓷多以产业化为追求，能达到如此意境的凤毛麟角，有些器面意境，一般人都能看出人工痕迹。为了追求文化内涵，有的厂家把中华五千年的文化符号，《易经》理念，儒、道、佛、玄学，民族图腾标志，烦琐地堆积在器物上，对此类作品，世人冠名以"精神钧瓷"或"政治宣言"。

特质有别于特征，特征是事物特点的一种征象或是一种标志。钧瓷窑变是钧瓷特征之一，但窑变的不一定是钧瓷，天目瓷的曜变也是陶瓷窑变，也是陶瓷中的一枝独秀。特质是指事物特有的品质，这种品质极具个性，只有这种事物才有。

钧瓷的特质是什么？

简而答之，釉液中的液液分相。液液分相是1880年由Schott（肖特）发现的，Turner（特纳）及Greig（克瑞格）也作了相关报道。1965年，Cahn（卡恩）、Hiliar（海丽亚）和Chanes（查尼思）合作提出玻璃分相的热力学和动力学理论，奠定了玻璃分相研究的理论基础。后来，又有许多研究者在理论上提出了多种学术观点。2003年，河南神垕苗锡锦提供标本，交山东淄博郭凯民通过科学测试，最终确定了液液分相这个概念。

什么是液液分相？

分相是指多元系统玻璃在一定的温度和组成范围内存在着两个组成不同的玻璃相，即具有不混溶结构，就是液液分相。

六、现当代艺术陶瓷收藏趋势

现当代艺术陶瓷收藏以2012年为界，就大师、共和国官窑、品牌的走势与趋向述之。

（一）大师最受宠时期（2005～2012）

1.走高的原因

2005～2012年，收藏者，或者说是抢购者，一下盯住了现当代国家级大师的作品，大师作品的价格一路攀升，直冲云天，成了放飞的气球。究其原因有八：

其一，高古瓷越来越少，又受国家文物部门律令限制。

其二，高古瓷赝品越来越多。内行人估计达95%以上，有的古玩城赝品达100%。个别拍卖会与电视台、报纸鉴宝栏目也以假充真，使收藏者上当受骗，蒙受损失。

其三，现当代大师人真、物真，看得见，摸得着，知根知底。

其四，大师健在，价格透明，艺术价值看好，还可讨价还价，朋友价几乎是半买半送。

其五，国家级大师名望高，人数少，其作品价格随心所欲，成了送礼者的首选。

其六，媒体推波助澜、经纪人胡吹乱捧，把知名国家级大师的作品说成神话。

其七，大企业用资金全力包装，推高大师的知名度。

其八，现当代艺术陶瓷本身的艺术魅力。作品符合现代人的审美价值观。

2.高走势的历程

2005 年，中国工艺陶瓷杂项拍卖会上，中国工艺美术大师徐朝兴的《龙泉青瓷刻花牡丹瓶》拍卖了10万元。接着《灰釉水波碗》又以17万元成交，继后，他的青瓷《五管瓶》又以70万元高价拍出，一年之内其作品价格上升了8倍。徐朝兴的艺术陶瓷作品首次敲开了资本市场的大门。

2007 年，北京瀚海开设了现当代艺术陶瓷拍卖专场。中国工艺美术大师戴荣华的五彩《白蛇传断桥》人物瓶拍卖会上以67.2万元成交，景德镇的大师们开始跃跃欲试。

同年，中国工艺美术大师李菊生的高温釉镶器《豆蔻年华》以123.2万元成交，创造了当代艺术陶瓷的拍卖纪录，当代各级大师欢欣鼓舞。

2008年春拍，李菊生的高温色釉镶器《观棋不语真君子》又以190.4万元刷新了纪录，这个数字拨动了拍卖市场每个人的神经，推动了现当代名家拍卖市场的纪录不断刷新。

　　同年，景德镇首届国际艺术陶瓷拍卖会开场。与此同时，广东嘉德拍卖公司也举办了现代艺术陶瓷首场拍卖会。继后，全国有10多家拍卖公司先后开设了现当代艺术陶瓷专场，相互的竞争推动了当代艺术陶瓷价格一路走高。

　　2008年，中国工艺美术大师、中国高级美术师李小聪的粉彩瓷板画《赤壁怀古》以345万元落槌，打破了李菊生保持的纪录，人们开始失去理智。

　　2009年，景德镇国际艺术陶瓷春拍会上，景德镇首席中国工艺美术大师、高级工艺美术师、景德镇首批陶瓷艺术家王锡良的瓷板画《黄山四千仞》以680万元成交。此后，人们开始陷入疯狂。

　　2011年春拍，景德镇陶瓷学院教授、中国陶瓷工艺大师钟连生的釉上彩瓷板画《汉宫秋月》以1242万元成交，把中国当代艺术陶瓷推进了"千万元时代"，真把人吓傻了。

　　2011年秋拍，原中国轻工部陶瓷工业科学研究室研究员、陶瓷美术家、高级工艺美术师、中国工艺美术大师张松茂的大型釉上彩雪景人物瓷板画《三顾茅庐》第二块在北京以1300万元成交，真的把人吓死了。

　　2011年秋，北京保利国际拍卖有限公司推出了已故国家级大师王步的《青花灵禽春夏秋冬四屏》，以2700万元成交，成了现代艺术陶瓷拍卖史上的神话。

　　死人的拍价吓死了活人，也为现当代艺术陶瓷拍卖市场掘开了坟墓，人们开始理性对待大师作品。

　　当前，河南神垕钧瓷还没有走进资本市场，有据可查的是，2001年嘉德拍卖公司当代钧瓷首场，仅有任星航柴烧钧瓷《荷口碗》以9.7万元成交。

　　完全的感性冲动，冲昏了人们的头脑。

　　完全地失去理性，使人变得疯狂。

　　绝对的虚高价格，成了一团泡沫。

　　对此，有评论家认为，景德镇大师作品的价格与广东潮州、福建德化、浙江龙泉、河南神垕、河南汝州、湖南醴陵已完全不在一个水平线上，有资本力量操作。戴文辉直言，最近几年，不少大财团介入当代艺术陶瓷市场，最成功的要数保利集团与钟连生的合作。也有部分专家认为这并不完全是资本推动，而是艺术价值的体现。

3.由感性转向理性

2012年下半年，随着国家经济建设速度放缓，现当代艺术陶瓷拍卖市场也由沸点跌到了结冰点。人们由感性转向理性。2012年秋季，景德镇国际艺术陶瓷博览会上参拍的198件大师作品，125件流拍，最高成交价仅为60万元，最低起拍价仅为1000元，总体成交价在1万元至几万元之间。

在线收藏艺术品拍卖会上，一对德化窑狮子起拍价仅为3600元，最后以5500元成交。

升上高空的是气球不是人造卫星，破灭是必然的。人们恢复理智后找出了弊患：

其一，当代各类大师满天飞，就景德镇而言，国家级大师近200人，省级大师约千人。物以稀为贵，大师多了也就不稀罕了。

其二，有大师的荣誉，没大师的水平。

其三，价格远远超出了应有的艺术水平，且随心所欲，误认为价高代表自己的身价和技艺水平。

其四，没有公认的标准，大师本人对自己的作品也心中没底。

其五，只看大师的级别，不看作品艺术水平。级别的高低代表了艺术水平的高低。

其六，不是为送礼，谁也不会出高价去买大师作品。

4.大师、名家作品价格回落

北京保利集团五周年拍卖会上，王锡良的黄山瓷板画起拍价28万元，成交价为123.3万元，下降了81.9%。张松茂的《雪景昭君出塞瓶》以95.2万元拍出，与《三顾茅庐》的拍价1300万元相比，下降了92.7%。当然，成交价下降与作品的尺寸大小和艺术水平也有关。国家级大师何权水的《高贵大顺瓷板》仅以39.2万元成交。

5.理性后的约定俗成价

以景德镇为例，国家级大师在10万元以上，不超过20万元；省级大师

在3万～5万元；高级工艺师在1万元上下。

以龙泉青瓷为例，大师级藏品价有1万元以下的、1万～2万元的、3万～5万元的、6万～10万元的，超过10万元的很少。

以河南省郑州市2012年两次大展为例。

10月份中韩大师中原瓷展，中国7位国家级大师，标价6万～32万元，参观者一致认为是虚高。大韩民国名匠金玉洙（总统发证），标价为5千～3万元。参观者认为工艺和直观艺术感觉逊色于汝瓷与钧瓷，但标价诚实。

12月份中国陶瓷名家展，钧瓷国家级大师作品标价6万～28万元，钧瓷省级大师作品标价6千～4.5万元，汝瓷国家级大师标价6千～6.5万元，钧花瓷省级大师标价6千～3万元，神垕炉钧标价2万～6万元。参观者认为除个别大师虚标价格外，整体标价较为理性。

任星航手拉坯煤烧钧瓷《如意尊》现场以10万元售出，刘红生手拉坯煤烧钧瓷《蝶恋花花瓶》与《春芽花插》均以4万元售出，任英歌10件手拉坯小件把玩器以3000元一件全部售出。

李廷怀送展15件汝瓷作品，有13件预订，《圆洗》《中国圆盖罐》每件以5万元售出。

王秋红钧花瓷预订8件，《龙》以2万元售出，《旺鼎》以1万元售出，《梦之蓝》以8000元售出。钧花瓷开始受人青睐。

王金合的神垕炉钧，预订4件。炉钧以独特的釉色魅力吸引了参观者。

6. 对大师作品有了具体要求

进入2013年，现当代艺术陶瓷拍卖市场开始冷落，收藏家和经纪人对大师作品提出了五点要求，即作品的艺术性、工艺性、观赏性、创造性、时代性。也不排斥大师个人崇拜者感情用事的评赏。

（二）认知"共和国官窑"遗珍的价值

1. 共和国官窑钧瓷为何开始受宠

共和国官窑瓷器，统指20世纪60～80年代生产的各类器物，有的地区称"文革瓷"，有的称红瓷。如果按陶瓷发展历程认定，共和国是一个新的历史时代，是宋、元、明、清、民国延续下来的。共和国官窑仅指那段时期国营和集体瓷厂的产品。

改革开放以后，随着国家经济建设由计划经济向市场经济转型，原有的瓷厂破产，工人下岗，那时的技术骨干和匠师自设作坊开始独立创作烧制，几经展评，屡屡夺冠，被评为大师，其作品受到收藏者的追捧，价格连年飙升。然而，共和国官窑生产的精珍却被遗忘在角落里，有些作品的艺术价值远远超过了大师的作品，2012年以后官窑瓷器开始受宠，被视为新的古董，拍卖公司也推出了专场。细细推究其中的原委，原因有八：

其一，是一个地区和城市的集体记忆。

其二，是一个瓷种发展的过程，是一段历史，丢了它，那个地区的瓷史就不完整。

其三，是一个窑口的传承符号与时代象征。

其四，是那个时期集体智慧的结晶。

其五，是国家级大师的摇篮。

其六，是一个不可复制的发展阶段，有着动人的传奇。

其七，存量有限，已不可再生，已成为收藏者寻觅的主题。

其八，没有人去宣传、渲染、包装，保持着作品的朴实无华。

2.市场前景

大师作品失宠以后，共和国官窑瓷从被遗忘的角落里走了出来，以其本身的艺术魅力吸引了陶瓷爱好者，拍卖公司也看好这个时段的作品。

2012年，在武汉举行的新中国成立后瓷器拍卖会上，一件景德镇《猫趣》作品拍出105万元的最高价。

2012年，"流金岁月"陶瓷拍卖专场，参拍作品68件，61件成交，仅有7件流拍，成交率89.7%，平均成交价每件11万元，平均价远远超出当时大师的平均价。

2012年，景德镇举办70年代青花瓷茶具拍卖专场，参拍作品全部成交，创造了拍卖史上100%的奇迹。

2012年，景德镇一件70年代的瓷板画以241.5万元成交，传说是几位大师的集体创作，因此，共和国官窑瓷器比现在大师的作品有更大的升值空间。

共和国官窑钧瓷2006年后开始受宠。因为当年郑州古玩城对面开了一家"共和国官窑钧瓷"，一年内，货架上的所有作品全部卖空，因没有货源而停业。该店几乎全是共和国官窑的精品和代表作，价格标示1万～10万元。传说，《诗话钧瓷》封面上的"薰炉朝天吼"以15万元售出。

（三）仿品与品牌

1. 敲明亮响的仿品走上前台

高仿首先从景德镇开始，因为明清时景德镇就有仿宋代名瓷的，仿者不以假充真，仿就是仿的，不欺不骗。

高仿地区有三大名区，一是景德镇仿明、清各类瓷；二是龙泉仿宋各类青瓷；三是神垕啥瓷都仿，包括汝、定、官、哥、钧、天目、茶叶沫、磁州白地黑花、耀州青瓷等。

国内主要销往广州、上海、北京、深圳等地；国际方面以香港、台湾为中转站，最终流向国外。

景德镇高仿的名窑名瓷已走进拍卖市场。2010年，景德镇仿宋代哥窑釉铁锈花兽面纹狮耳方尊拍出580万元的高价；景德镇仿清代山水粉彩福寿尊以150万元成交；90年代一件仿元青花瓷瓶在国外拍了300万元。

据传，景德镇两名绘画高手合作一个月能完成一件，以20万元交作坊老板（或经纪人），收购者再以40万～60万元卖给经销商，经销商通过自己搭建的渠道走出国门。

神垕啥都仿，但不够精致，且以假充真，不明说是仿。仿元钧较为成功者，多用元代碗的底足。

2. 未来的品牌时代

品牌是个商业名词。一般经营者的产品必有一个名字，著名的产品就是一个品牌。有人认为品牌只能指商品，仅指大企业，不能指艺术陶瓷。有人则认为艺术品也是商品，艺术陶瓷自然是商品；既是商品，就要力争打造成品牌，今后收藏者收藏名牌是一个方向。

就钧瓷收藏而言，国家级大师有晋佩章、刘富安、孔相卿、杨志、苗长强、晋晓瞳、杨国政。省级青年大师的精珍作品也可收藏。

就品牌而言，对郑州市圈内圈外100人的调查显示，大家认可的是金堂钧窑、荣昌钧窑、孔家钧窑等。

共和国官窑钧瓷可能会成为永久的品牌。

钧瓷大师、共和国官窑钧瓷、品牌钧瓷，谁也不可能取代谁，但品牌效应会改变收藏者的收藏观念和取向。

附：新钧瓷生产的标准化

鉴定和欣赏是两个概念。鉴定是对文物，欣赏是对艺术品。很多文物，如瓷器、书画都是优秀的艺术品，所以有人把文物鉴定说成了"鉴赏"。这里讲的鉴赏仅指对煤窑钧瓷的直观分类与品相分类。

1.直观分类

（1）器形大小分类

小号小于15厘米，中号为15～25厘米，大号为25～35厘米，特大号为35～45厘米。以鹅颈瓶为例：小号12厘米，中号23厘米，大号32厘米，特大号36厘米。

（2）胎骨分类

胎指素烧后无裂痕的无釉器皿，统称素胎，上釉后称釉胎。胎骨断面呈灰色、白色、灰黑色。

（3）器面开片

开片指器物釉面出现的裂纹和网状碎片。有开片和无开片两种。开片有直片、斜片、大片、小片等。现在有开片釉和无开片釉，从工艺上可以控制。

（4）纹路和开片是两种概念，纹路是釉液本身在还原气氛中自然形成的。有蚯蚓走泥纹、龟背纹、兔丝纹、鱼籽纹。

（5）烧成器面釉色

钧瓷以红紫、天青、天蓝、月白为基本色调。器面釉色有葡萄紫、玫瑰紫、丁香紫、茄皮紫、钧红、枣红、橘红、鸡血红、胭脂红、朱砂红、天蓝、月白、米黄、豆绿，或五色渗透交相辉映。

2.品相分类（参考2002年《钧瓷河南地方标准》）

综合品质与表相分类，有珍宝级、珍品级、精品级、合格品级，分述如下：

（1）珍宝级：变形度小于0.5%

器面无泥渣、无疙瘩、无坯泡、无流足、无粘足、无粘疤、无生烧、无缺釉、无落渣、无溶洞、无胎裂。

有坑凹、棕眼、釉泡不超过3个，但不影响直观艺术效果。

（2）珍品级：变形度小于0.8%

器面无泥渣、无疙瘩、无坯泡，流足不超过四分之一，无粘足、无粘疤、无生烧、无缺釉、无落渣、无溶洞、无胎裂。

有坑凹、棕眼、釉泡不超过5个，但不影响直观艺术效果。

（3）精品级：变形度小于1%

器面无泥渣、无疙瘩、无坯泡、无粘足、无粘痕、无生烧、无缺釉、无落渣、无溶洞、无胎裂，流足不超过二分之一。

有坑凹、棕眼、釉泡不超过7个，但不影响直观艺术效果。

（4）合格品级：变形度小于1.2%

器面无泥渣、无疙瘩、无坯泡、无粘痕、无缺釉、无落渣、无溶洞、无胎裂。流足到底，允许磨足、镶足。粘足不明显，生烧不严重。

有坑凹、棕眼、釉泡不超过9个，但不影响直观艺术效果。

七、附图

图378 钧花瓷·嵩山少林寺禅武盘，阎夫立作品。

图379 钧花瓷·罐·沙漠驼铃，手拉坯造型，阎夫立作品。

图380 钧花瓷·昭君出塞像，阎夫立于2002年创作，烧制于景德镇陶瓷学院。

图381 钧花瓷·达摩渡海像，阎夫立于2007年创作，烧制于郑州大学。

图382 山与天空系列·碗·冬，英国陶瓷
艺术家皮特·林作品。

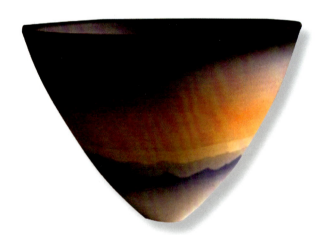

图383 山与天空系列·碗·傍晚，英国陶
瓷艺术家皮特·林作品。

图384 钧瓷·石榴·彩虹，阎夫立2001年作品。

图385 左：窑变瓷·盘口瓶 右：窑变瓷·长颈瓶，日本陶瓷艺术家宫村秀明作品。

图386 钧瓷·石榴瓶·奔马，阎夫立2001年作品。

图387 钧瓷·生命，娄伟1991年作品。

图388 钧瓷·突，娄伟1991年作品。

图389 钧瓷·巢，娄伟1991年作品。

图390 高温窑变瓷·燕归巢，吴金填作品。

图391 钧花瓷·女娲，阎夫立2012年作品。

图392 钧瓷·寄相思，高40厘米，李海峰作品。

图393 钧瓷·弥勒佛，阎夫立2005年作品。

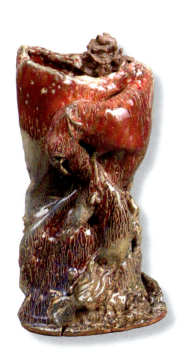

图394 钧花瓷·心可对天，阎夫立作品。

图395 钧花瓷·海螺，阎夫立2012年创作。

图396 钧瓷·甲骨钧韵，郑州大学艺术陶瓷研究所孙晓岗博士作品。

图397 钧瓷·捂，阎夫立作品。

图398 钧花瓷·布衣，于长敏作品。

图399 钧瓷·雪娃，于长敏作品。

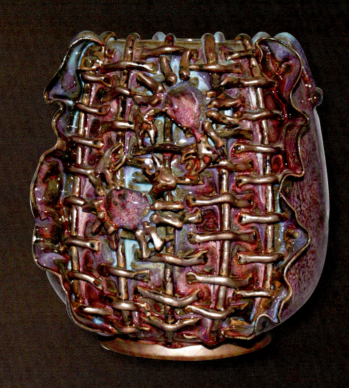

图400 钧瓷·蟹篓，霍福生作品。

图401 钧花瓷·飞马，阎夫立2012年创作。

图402 钧花瓷·群魔，阎夫立2012年创作。

图403 钧瓷·俏雪，荣昌钧窑作品。

图404 钧瓷·圆盘·雪山风光，霍福生作品。

图405 钧瓷·悬崖雪梅，张义作品。

图406 钧瓷·荷塘清澈，高32厘米，口径 21厘米，李海峰作品。

图407 钧瓷·清莲溢香，高35厘米，李海峰作品。

图408 | 钧瓷·乾运，高35厘米，李海峰作品。

图409 | 钧瓷·万寿罐，高13厘米，李海峰作品。

图410　钧瓷·收获，高30厘米，李海峰作品。

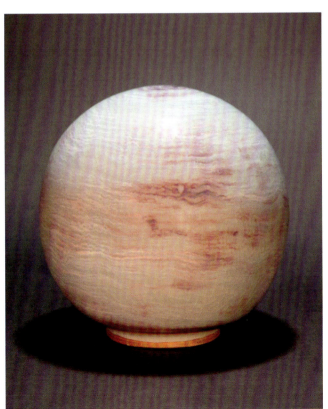

图411　钧瓷·天人合一，李海峰作品。

图412 钧瓷·寿桃，高35厘米，宽30厘米，李海峰作品。

图413 钧瓷·跳刀束腰盖罐，月白、天青、天蓝釉融于一体，霍福生作品。

图414　钧瓷·三足荷叶碗，阎夫立作品。

图415　钧瓷·牛，郑州大学艺术陶瓷研究所孙晓岗博士设计烧制。

图416 高温窑变釉·母子羊，周国桢作品。

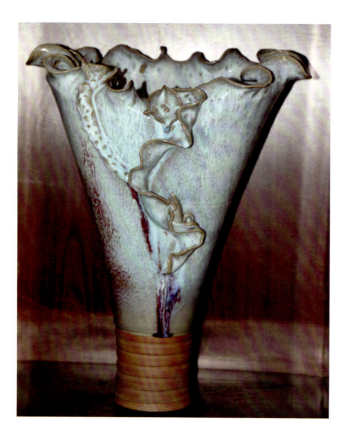

图417 钧花瓷·花插，霍福生作品。

图418　钧红釉三足鼎，郑州大学艺术陶瓷
研究所孙晓岗博士设计烧制。

图419　钧瓷·莲花座观音，霍福生作品。

图420 鈞瓷·七头茶具。

图421 鈞瓷·七头茶具。

图422　钧瓷·五头茶具。

图423　钧瓷·五头茶具。

图424 钧瓷·自饮壶。

图425 钧瓷·自饮壶。

图426　俄罗斯陶瓷艺术家玛丽娜·碧琪科娃作品《魔法娃娃》1。

图427 俄罗斯陶瓷艺术家玛丽娜·碧琪科娃作品《魔法娃娃》2。

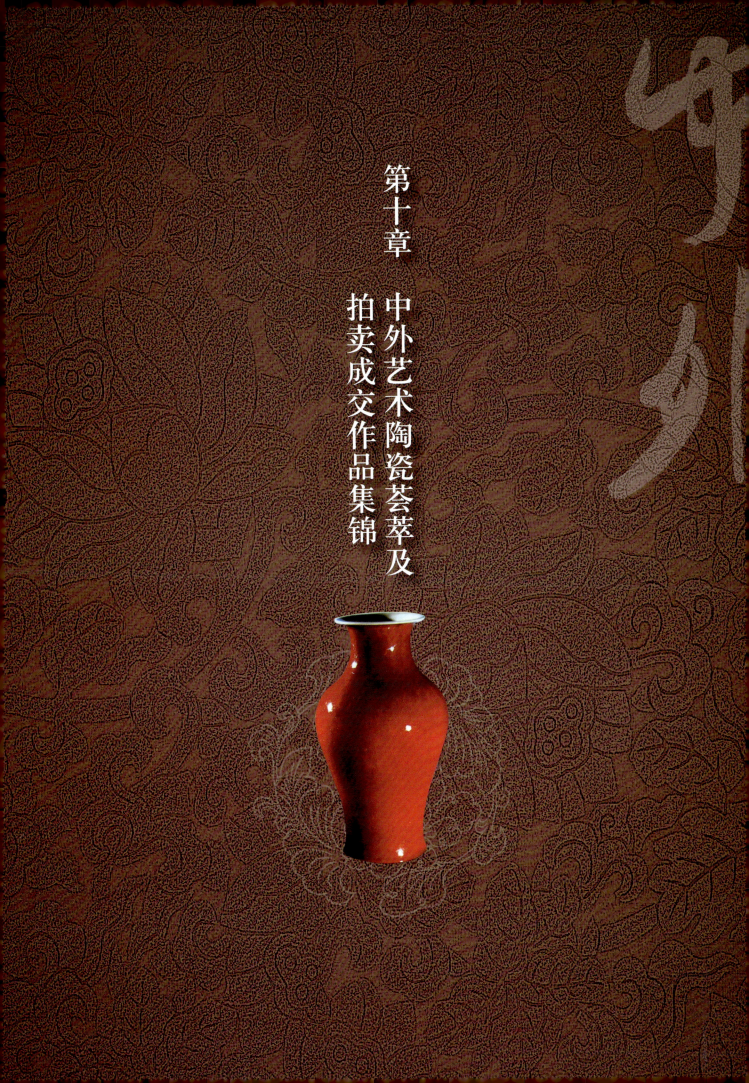

第十章 中外艺术陶瓷荟萃及
拍卖成交作品集锦

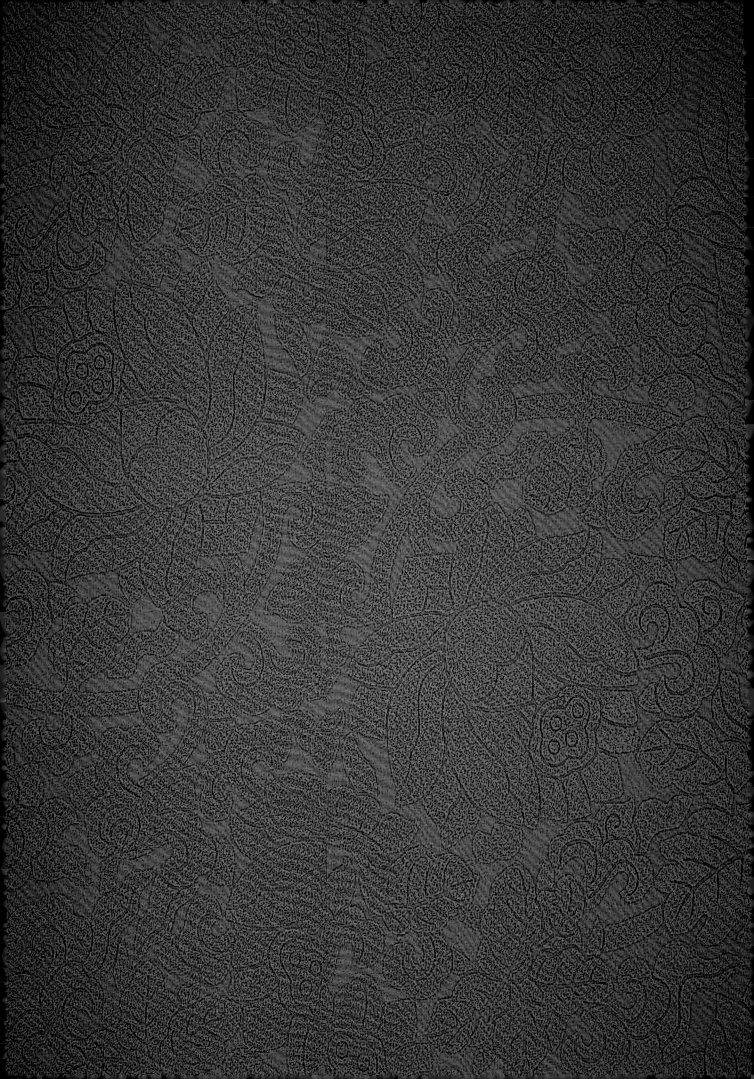

为了满足更多读者的需求，本章主要说明以下几个问题。

一、关于陶瓷的创新

创新是一个固定概念。整个人类社会的发展进程中一直伴随着创新。说到创新，一般人都解读为抛弃旧的创造新的，中国人的认识论是破旧立新，旧的不去新的不来。其实创新的范畴很广，并非不破不立。陶瓷的创新指的是创造性，制作的产品要有新意，即不重复自己，也不模仿别人。

如：阎夫立带领钧瓷研究所的艺人，于1997年创立了"钧花瓷"，他们用多种金属元素的着色剂和多种施釉手段，使器物釉面的色彩更加丰富多变，给人以直观美感。器面上凸凹不平，如沟似壑的艺术境界给观众以震撼。阎夫立亲手设计的造型，具象与抽象相结合，再加上钧花釉的千变万化，使观众产生一种如梦如幻的感觉。

王绪远依靠自己的书法功底，创立了汉书窑变瓷板与汉书百家姓，打破了在坯胎上直书汉字的常规，将书法、国画、篆刻结合在一起，使作品有象形文字的古远深邃和大写意书画的意境，似字非字，似画非画，使作品产生多重性的艺术效果。

周东郿创新的"窑变鲁花瓷"，吸收了西方油画的技法，使作品产生一种崭新的艺术效果。有的鲜丽多彩，有的气势恢宏，为高档室内装潢提供了新的装饰内容。

王亚平创新的紫砂泥造型艺术，打破了紫砂仅作茗茶使用器的惯例，在长方形的器面上，运用篆刻技法，使作品产生一种古朴稚拙的艺术效果，又仿佛在传递着五千年的文化信息。

还有山东徐月桂的刻瓷新工艺、洛阳郭爱和的三彩板画、山东曲冰的黑陶木面模等，都应该是一种创新，一种好的创新。

二、艺术陶瓷、工艺陶瓷、商品陶瓷

艺术陶瓷、工艺陶瓷、商品陶瓷单从艺术本质来讲也许没有差别，或是差别很小，但就概念上讲是有区别的。

商品陶瓷为了追求最大的利润，讲的是量的增加，为了量的增加就必须重复一种或几种造型，有的甚至是几年十几年不变。

艺术陶瓷是陶瓷艺术家的思想情感的表达。作品仅作为表达内心情感的一个载体，或是一段鲜为人知的经历，或是埋藏心灵深处的悲伤，或是受压抑、攻击、忌妒的满腹委屈，借创意作品进行宣泄与倾吐。正因为如此，作品会有一种直观和内在的艺术魅力，这种魅力能触及观众的内心，拉近与观众的内心距离，碰撞出共鸣的火花，这种艺术品很难被重复。

阎夫立的钧花瓷《心可对天》产生的背景是：他在创立"钧花瓷"时受到同行和社会的无端攻击，内心产生无法排解的痛苦与无奈。作品躯壳空洞无物，内有一颗红心，透过上面一扇空门，向天表白。

美国人瑟基·伊苏帕夫因为妻子移情他人而忧伤，惶惶不可终日，在无处倾诉的情况下产生了一种独特的语境，通过作品的语言来宣泄愁闷痛苦的心情，稳住狂燥的情绪，慰藉受伤的心灵，所以，他的作品带有深厚的性倾向、性幻想、性困惑、性倒错、性自慰等。

美国人加斯汀·纳瓦克不但是一个陶瓷艺术家，而且对人的思想有着独特的理解与研究，他还对中世纪的宗教艺术充满着深厚的兴趣，通过作品将他独异的思想意识展现给观众。他甚至用精神分析法来解读其作品。人物孤独、怪诞，并充满被虐和自虐的行为和动作。从人物表情上看，无任何痛苦难忍表现。如多马的施虐与被虐、"祷告者"被砍去的双手。这样的作品使观众触目惊心，不寒而栗，但会沉下心来想得很多很多。

独特的语境和细部语言的表达，只有作者自己能说清楚，或者自己也说不清楚。

工艺陶瓷与艺术陶瓷更难说清道明。一般人的理解是工艺陶瓷重在手，艺术陶瓷重在心。工艺技能的表现手法是多种多样的，同样一个体裁，表达主题的形式也有所区别，这样才能使工艺陶瓷多姿多彩。如：

娄伟的《巢》，用树枝盘绕而成，巢里露出两个蛋，很具象，很生动，一目了然。

吴金填的《燕归巢》，用泥巴堆粘而成，外面蹲着两只鸟，向内窥视，栩栩如生，与《巢》的表现手法异曲同工。

阎夫立的《巢》是抽象的，巢窝外体充满空洞，是被遗弃的老巢，还是正在搭建的新巢？是鸟儿飞走了，还是等待鸟儿的飞来？使观者浮想联翩。

三、高温窑变和瓷板画是艺术陶瓷的新追求

窑变釉不再是钧都神垕的专利。陶瓷艺术家已把高温窑变釉作为自己艺术追求的最高境界，而且向多元化发展。窑变瓷板画已初露锋芒，抢先占领了高端市场，如王绪远的汉书瓷板，李砚祖的高温窑变釉山水画瓷板，俞军的高温窑变釉佛禅瓷板，周东郿的窑变釉鲁花瓷等。

四、现当代艺术陶瓷拍卖已步入卖方市场

《收藏·拍卖》杂志分析，拍卖市场由盛到衰10年一个周期，现正处在衰退期；又透露，拍卖已进入卖方市场，供大于求，但高古瓷却久盛不衰，仍是买方市场，二次拍卖虽频频出现，好的高古瓷仍是富豪集储财富的主要手段。

就现当代艺术瓷来看，本书主编田培杰收集到34件现代艺术瓷，景德镇有16件，占47%；宜兴紫砂8件，占23.5%；河南5件，占14.7%；其他窑口5件，占14.7%。景德镇几乎占了一半，而且多是国家级的大拍卖公司。

就景德镇艺术瓷而言，16件中瓷板画有10件，占62.5%。由此反观市场，瓷板画已成为艺术陶瓷的发展方向，这应该是市场需求促成的结果。

宜兴紫砂壶作为饮茶的主要茗具，已控制了高端市场和大部分大众消费市场。它现在的地位，其他任何一个瓷种的茶具都难以取而代之。

据粗略统计，全国有国家级陶瓷大师300多人，他们的作品要走资本市场，一人一件，也会使拍卖公司应接不暇。而且收买现当代大师作品的人寥寥无几。很多人手里藏有大师的作品，有的达100多件，大多急于出手。所以货源充足，供大于求。

五、高古瓷仍是收藏的主要选择

大收藏家是不会光顾现代陶瓷的。故而高古瓷价格年年攀升，以青花

瓷为例，上拍的，最少也是千万元以上，上亿元的也不在少数，明、清官窑瓷大多高于宋、元青瓷。

六、附图

图428 | 《钧彩台湾风》在上海开幕

图429 | 现代陶瓷艺术家周国桢80华诞系列
活动在北京举行

图430 高温草木釉与跳刀纹的结合瓷罐·痕
迹岩，孙迈华作品。

图431 高温窑变瓷，美国汤姆·维希安作
品。

图432 高温窑变釉橄榄瓶·如来佛，俞军
作品。

图433 窑变花釉瓶·海的呼吸，王宇宇作
品。

图434 ▌ 条纹罐，巴西伊莉莎白作品。

图435 ▌ 国瓷彩墨撇口瓶，潘鲁生作品。

图436 五彩缸，澳大利亚詹妮特·迪布斯作品。

图437 山东刻瓷·孔子说教，徐月桂与高晓刚作品。

图438　紫砂泥·三友系列·松，王亚平作品。

图439　紫砂泥·观沧海，王亚平作品。

图440 山东青白瓷·双耳方肩瓶，何岩作品。

图441 山东青白瓷·鹰瓶，何岩作品。

图442 海瓷（贝壳瓷）雕塑·送水姑娘，孙鸿满作品。

图443 德化窑白瓷·渡海观音，许兴泰作品。

图444 山东黑陶·水滴瓶，曲冰作品。

图445 山东黑陶·流韵，曲冰作品。

图446 绞胎瓷系列，孟凡斌作品。

图447 ┃ 绞胎瓷五头茶具，孟凡斌作品。

图448 ┃ 绞胎瓷·瓷韵茶香，柴战柱作品。

图449 绞胎瓷·硕果，柴战柱作品。

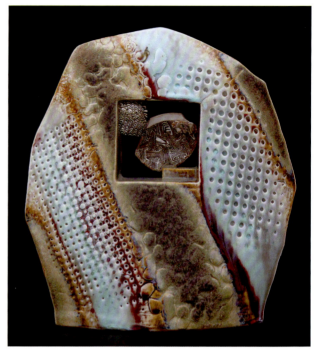

图450 绞胎瓷·峪中藏宝，柴战柱作品。

图451 绞胎瓷·中华龙，柴战柱作品。

图452 美国加斯汀·纳瓦克作品《耶稣门徒多马》，用日本乐烧和中国哥瓷开片工艺烧成。

图453 美国加斯汀·纳瓦克作品《祷告者》，用日本乐烧和中国哥瓷开片工艺烧成。

图454 2012年美国加州陶瓷艺术展作品选

图455 美国瑟基·伊苏帕夫作品《回转·循环》，用多种工艺表达一种性倾向、性幻想、性错位、性困惑的内容。

图456 石湾陶瓷·巫山女神，钟汝荣作品。

图457 石湾陶瓷·山鬼子，冼有成作品。

图458 美国玛丽莲·莱克高温丝网印刷釉上彩工艺烧制的《艾尔默的皮夹克》。

图459 瓷板画《远眺》，曾玉成作品。

图460　布面油画瓷板《根的影子》，李刚作品。

图461　高温窑变釉瓷板《光的联想》，俞军作品。

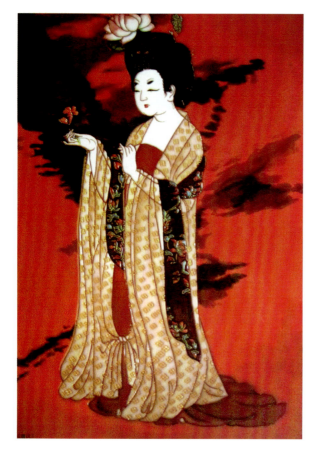

图462 洛阳三彩《唐风》，郭爱和作品。

图463 高温色釉窑变瓷板《东方古韵》，俞军作品。

图464　瓷板画《松间》，王银良作品。

图465　瓷板画《庐山云松图》，李小聪作
品。2013年上海拍卖行春拍。
估价：156万
成交价：184万

图466 ┃ 瓷板画《白云生处》，张松茂作品。2013年上海拍卖行春拍。
估价：136万
成交价：161万

图467 ┃ 瓷板画《坐看瀑布飞银龙》，余天荣作品。

图468 山东窑变釉鲁花瓷《会声会色》瓷板，周东郿作品。

图469 山东窑变釉鲁花瓷《风景这边独好》瓷板，周东郿作品。

图470 俄国，娜塔利亚·科尔切姆基娜作品《茶壶》。

图471 美国，基普·奥克荣利作品《陶瓷壶·线路》。

图472 ｜ 日本，关野横作品《鱼壶》。

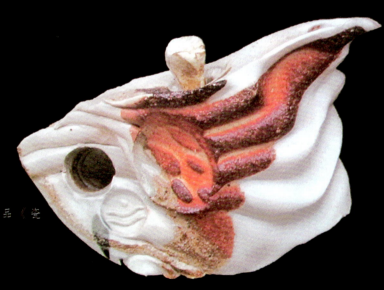

图473 ｜ 印度，阿迪耳·怀特作品《瓷壶》。

图474 俄国，维拉·诺斯科娃作品《摩西之壶》。

图475 俄国，塔尼亚·普纳斯作品《壶·仙鹤》。

图476　日本，关野横作品《壶·移花接木》。

图477　钧窑·鸡心碗。成交价：港币1695000元。

图478 钧窑·月白盘。成交价：人民币 39600元。

图479 钧窑·葵花式花盆及盆托。成交 价：人民币421880元。

图480▎钧窑·渣斗。成交价：人民币 1446900元。

图481▎钧窑·鼓钉洗。成交价：港币 140000元。

图482 钧窑·方洗。成交价：人民币 500000元。

图483 钧窑·玉堂春瓶。成交价：人民币 440000元。

图484　钧窑·葫芦瓶。成交价：人民币11000元。

图485　钧窑·龙流三足壶。成交价：港币28000元。

图486 钧窑·月白出戟尊。成交价：人民币1446900元。

图487 钧窑·出戟尊。成交价：人民币2178000元。
从戟纹、施釉工艺、釉色来看，疑是仿品。

图488　钧窑·大盘。成交价：人民币99000元。

图489　钧窑·月白鼓钉三足洗。估价：700万～900万港元。

图490　钧窑·玫瑰紫鼓钉洗。成交价：港币3480000元。

图491 紫砂组合茶具，何道洪制，毛国强刻。
江苏和信拍卖公司2012年秋拍会，以207万元成交。

图492 紫砂《德钟壶》，高振宇作品。
江苏景宏拍卖公司2012年秋拍会，以851.2万元成交。

图493 | 紫砂《汉铎壶》，曹婉芬作品。
江苏景宏拍卖公司2012年秋拍会，
以179.2万元成交。

图494 | 紫砂《双线竹鼓》，顾景舟作品。
凤凰拍卖公司2012年秋拍会，以
213.9万元成交。

图495 紫砂《三足仿大彬》，周桂珍制，
韩敏书画，鲍南强刻饰。
北京长风拍卖公司2011年秋拍会，
以66.7万元成交。

图496 紫砂《太极如意》，高旭峰作品。
北京瀚海拍卖公司2012年秋拍会，
以21.85万元成交。

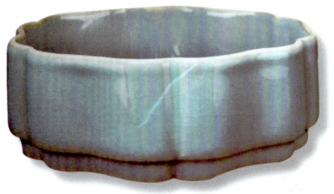

图497 汝瓷奁盒，朱立文作品。
2013年上海拍卖行春拍会，以2.3万
元成交。

图498 汝瓷罐，李廷怀作品。
2013年上海拍卖行春拍会，以5.175
万元成交。

图499 钧瓷荷口碗，任星航作品。
2011年香港嘉德春拍会，以9.7万元
港币成交。

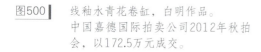 图500 线釉水青花卷缸，白明作品。
中国嘉德国际拍卖公司2012年秋拍
会，以172.5万元成交。

图501 青瓷龙鼎，毛正聪作品。
中国嘉德国际拍卖公司2012年秋拍
会，以89.7万元成交。

图502 龙泉青瓷《翠竹大笔筒》，夏侯文
作品。
北京保利国际拍卖公司2012年春拍
会，以25.3万元成交。

图503 青花釉里红天球瓶《雏鸡》，周国桢作品。
北京保利拍卖公司2011年秋拍会，以115万元成交。

图504 青花瓶《花久人长寿》，陆如作品。
中国嘉德拍卖公司2013年春拍会，以40.2万元成交。

图505 青花盖罐《初春图》，吕金泉作
品。
中国嘉德国际拍卖公司2013年春拍
会，以138万元成交。

图506 青花氧化铁卷筒《云高天远》，白
磊作品。
中国嘉德国际拍卖公司2011年秋拍
会，以166.75万元成交。

图507 五彩罐《玉堂春晖》，王恩怀作品。
北京保利国际拍卖公司2011年春拍会，以69万元成交。

图508 黄地粉彩梅瓶《和合》，宁钢作品。
上海唐朝拍卖公司2013年春拍会，以36.8万元成交。

图509 青花瓷《灵禽春夏秋冬四屏》，王
步作品。
北京保利国际拍卖公司2011年秋拍
会，以2700万元成交。

图510 冯林华墨彩瓷板《铁骨傲霜》，
52×45厘米。
2013年上海拍卖行春拍会，以74.75
万元成交。

图511 宁钢瓷板《岁岁合合》。
2013年上海拍卖行春拍会，以92万
元成交。

图512 ┃ 三彩《啃蹄马》，高水旺作品。
河南省豫呈祥拍卖公司2012年秋拍
会，以64.4万元成交。

图513 ┃ 洛阳三彩《晨曦》，郭爱和作品。
河南省豫呈祥拍卖公司2013年春拍
会，以23万元成交。

图514　陶塑《禅》，潘柏林作品。
中国嘉德国际拍卖公司2008年春拍
会，以31.36万元成交。

图515　瓷板《情趣》，李进作品。
上海泓盛拍卖公司2012年秋拍会，
以138万元成交。

图516 ▌ 粉彩瓷板《三峡江春晓》。
中国嘉德国际拍卖公司2013年春拍会，以345万元成交。

图517 ▌ 粉彩瓷板《养寿图》，王大凡作品。
香港淳浩拍卖有限公司2013年春拍会，以71.3万元成交。

图518 釉上彩瓷板《华夏神童》，钟连生作品。
中国嘉德国际拍卖公司2013年春拍会，以66.7万元成交。

图519 新彩瓷板《幽夏》，李进作品。
中国嘉德国际拍卖公司2013年春拍会，以55.2万元成交。

图520 高温色釉瓷板《西域丽人》，李菊
生作品。
中国嘉德国际拍卖公司2013年春拍
会，以184万元成交。

图521 《开怀》，葛军作品。
2013年上海拍卖行春拍会，以28.7
万元成交。

图522 | 高温色釉瓷板《游春图》，李菊生作品。
中国嘉德国际拍卖公司2012年秋拍会，以402.5万元成交。

图523 | 汉书窑变瓷板与瓷瓶，王绪远作品。

图524 ┃ 汉书窑变百家姓系列瓷瓶《何》，
王绪远作品。

图525 ┃ 明洪武青花缠枝牡丹纹龙耳瓶。
2012年澳门中信国际秋拍会，以6.3
亿元成交。

图526 元代青花萧何月下追韩信梅瓶。
2011年澳门中信国际秋拍会，以
6.85亿元成交。

图527 明永乐青花如意垂肩折枝花果纹梅
瓶。
2011年香港苏富比秋拍会，以1.38
亿元成交。

图528 　明洪武青花四季花卉纹石榴瓶。
2012年澳门中信国际秋拍会，以
1.93亿元成交。

图529 明初期九龙纹大缸。
2012年澳门中信国际春拍会，以人民币11.04亿元成交。

图530 元代青花鬼谷子下山图罐。
2005年伦敦佳士得拍卖会，以人民币2.28亿元成交。

主要参考书目

〔1〕苗锡锦.钧瓷志.郑州：河南人民出版社，1998.

〔2〕中国钧瓷年鉴编委会.中国钧瓷年鉴（2000~2008）.郑州：河南美术出版社，2009.

〔3〕禹州市志编委会.禹州市志.郑州：中州古籍出版社，1989.

〔4〕晋佩章.中国钧瓷艺术.郑州：中州古籍出版社，2003.

〔5〕赵青云.河南陶瓷史.北京：紫禁城出版社，1993.

〔6〕赵青云.钧窑瓷鉴定与鉴赏.南昌：江西美术出版社，2007.

〔7〕叶喆民.中国陶瓷史.上海：生活·读书·新知三联书店，2006.

〔8〕阎夫立等.中国钧瓷.郑州：河南科学技术出版社，2004.

〔9〕李辉柄.两宋瓷器.上海：上海科学技术出版社，2002.

〔10〕河南省文物局.辉煌的历史记忆.香港：香港国际出版社，2002.

〔11〕河南省文物考古研究所.禹州钧台窑.郑州：大象出版社，2008.

〔12〕河南省文物局.河南文物精华.郑州：文心出版社，1999.

〔13〕梅国建，熊云新.二十世纪中国传统钧瓷.北京：文物出版社，2005.

〔14〕何新.钧瓷历史文献辑注.北京：学苑出版社，2012.

〔15〕熊寥，熊微.中国陶瓷古籍集成.上海：上海文化出版社，2006.

〔16〕何政广，许礼平.清代陶瓷大全.台北：艺术家出版社，2002.

〔17〕何政广，许礼平.明代陶瓷大全.台北：艺术家出版社，1983.

〔18〕何政广，许礼平.宋代陶瓷大全.台北：艺术家出版社，1988.

〔19〕余佩瑾.故宫藏瓷大系·钧窑之部.台北：台北"故宫博物院"，1999.

〔20〕陆建初.古陶瓷识鉴讲义.上海：学林出版社，2003.

〔21〕中国艺术品收藏鉴赏全集编委会.中国艺术品收藏鉴赏全

集·瓷器. 长春：吉林出版集团，2007.

〔22〕白明. 外国当代陶瓷经典. 南昌：江西美术出版社，2002.

〔23〕李贤，彭时等. 大明一统志. 万寿堂刊本.

〔24〕李东阳等. 大明会典. 扬州：江苏广陵古籍刻印社，1989.

〔25〕张廷玉等. 明史. 北京：中华书局，1977.

〔26〕穆彰阿，潘锡恩等. 大清一统志. 上海：上海古籍出版社，2008.

〔27〕明成化《河南通志》.

〔28〕明嘉靖《河南通志》.

〔29〕清雍正《河南通志》.

〔30〕民国《河南通志》.

〔31〕明嘉靖《郑州志》.

〔32〕清康熙《郑州志》.

〔33〕清乾隆《郑州志》.

〔34〕民国《郑县志》.

〔35〕清康熙《开封府志》.

〔36〕民国《开封县志》.

〔37〕民国《开封县志》草略.

〔38〕清康熙《陈留县志》.

〔39〕清宣统《陈留县志》.

〔40〕清乾隆《登封县志》.

〔41〕清嘉庆《密县志》.

〔42〕民国《密县志》.

〔43〕明嘉靖《巩县志》.

〔44〕清乾隆《巩县志》.

〔45〕民国《巩县志》.

〔46〕清乾隆《修武县志》.

〔47〕清道光《修武县志》.

〔48〕民国《修武县志》.

〔49〕清嘉庆《安阳县志》.

〔50〕民国《续安阳县志》.

〔51〕清顺治《淇县志》.

〔52〕清乾隆《淇县志》.

〔53〕清嘉庆《鲁山县志》.

〔54〕清同治《郏县志》.

〔55〕清《郏县乡土志》抄本.

〔56〕清道光《禹州志》.

〔57〕清同治《禹州志》.

〔58〕民国《禹县志》.

〔59〕民国《内乡县志》.

〔60〕清道光《汝州全志》.

〔61〕清同治《宜阳县志》.

〔62〕清乾隆《新安县志》.

〔63〕民国《新安县志》.

〔64〕李肇. 唐国史补. 上海：上海古籍出版社，1979.

〔65〕欧阳修. 新唐书. 北京：中华书局，1975.

〔66〕欧阳修. 新五代史. 北京：中华书局，1974.

〔67〕王存. 元丰九域志. 北京：中华书局，1985.

〔68〕王溥. 五代会要. 北京：中华书局，2001.

〔69〕陶宗仪. 辍耕录. 北京：中华书局，1959.

〔70〕高濂. 遵生八笺. 北京：中华书局，2013.

〔71〕谷应泰. 博物要览. 北京：中华书局，1985.

〔72〕黄一正. 事物绀珠. 明万历间吴勉学刻本.

〔73〕张应文. 清秘藏. 民国5年翠琅玕馆丛书重编本.

〔74〕曹昭. 格古要论. 北京：金城出版社，2012.

〔75〕田艺蘅. 留青日札. 上海：上海古籍出版社，1992.

〔76〕李日华. 六研斋笔记. 南京：凤凰出版社，2010.

〔77〕屠隆. 考槃余事. 北京：金城出版社，2012.

〔78〕吕震. 宣德鼎彝谱. 台北："商务印书馆"，1986.

〔79〕方以智. 通雅. 北京：中国书店出版社，1990.

〔80〕王士禛. 居易录. 上海：上海古籍出版社，1993.

〔81〕朱琰. 陶说. 济南：山东画报出版社，2010.

〔82〕程哲. 窑器说. 上海：上海古籍出版社，1996.

〔83〕蓝浦，郑延桂. 景德镇陶录. 嘉庆二十年异经堂刻本.

〔84〕寂园叟. 匋雅. 北京：金城出版社，2011.

〔85〕无名氏. 南窑笔记. 南宁：广西师大出版社，2012.

〔86〕黄矞. 瓷史. 四明赵氏乐天楼藏本.

〔87〕许之衡. 饮流斋说瓷. 济南：山东画报出版社，2010.

〔88〕赵汝珍. 古玩指南. 北京：金城出版社，2010.

〔89〕郭葆昌. 瓷器概说. 民国24年影印本.

〔90〕荆子久. 钧窑考证. 民国24年铅印本.

〔91〕刘子芬. 竹园陶说. 民国14年石印本.

〔92〕陈重远. 古玩史话与鉴赏. 北京：国际文化出版公司，1990.

〔93〕邱进之. 中国历代名道. 长春：吉林教育出版社，1997.

后记

　　本书的后记可以说是把"序"或"前言"移后补说而已。写在前面怕先入为主，约束了读者的思维，会倾向于本书的观点。读书是仁者见仁、智者见智的过程，可能会有人提出异论或是批评，这是本书编者所期望的。此后记只想简述一下二十年的心理渐变历程。

　　1995年，我的《诗话钧瓷》一书完稿，送黄河水利出版社李辉主任审读，自豪感常流露在与朋友的交往言谈中，因为，让海内外著名诗人为钧瓷写赞歌，当时只有笔者能担此重任。说到钧瓷的历史，都是产于唐、盛于宋、衰于元、断于明、恢复于清末。求知欲望促使我请教多人，问及哪些史书和文献有此记载，竟无一人能答。为追寻钧瓷的历史真实，奔波了一年多，故此，直到1998年《诗话钧瓷》才得以出版。但这个历史疑团一直困扰着我。后经好友相劝，又有《中国陶瓷史》和台湾出版的《宋元陶瓷大全》亦如此，才就此罢休。

　　2000年，我得到一本台湾1999年出版的《故宫藏瓷大系·钧窑之部》，该书特别提出对以往出版物中的钧瓷作重新标示：把《宋元陶瓷大全》中的玫瑰紫小碗标示为明仿钧，原北宋的天青满釉支烧单把洗、圆洗标示为金，原北宋的天蓝如意枕、长方枕标示为元末。台北"故宫博物院"以科学的态度对待历史修正自己，笔者深表敬意。书中余佩瑾的《钧瓷研究的回顾与展望》一文把钧瓷分为器皿型和陈设类，器皿型定为金代，陈设类定为明代。这应该是有代表性、权威性的发声，此时，对钧瓷的探究之心又幡然复归。

　　2004年，民间田野考古调查者蓝普生写了一篇《论辩宋代无钧瓷》，我看了几遍，论辩几乎是无懈可击，读后深受启发。

　　2005年，开始迷上道教养生长寿术，并生产出了"罗汉佛脂液"。故而对道教的书读了不少，关于宋徽宗和林灵素的记载和文献读得更多。道教崇尚青色，穿青衣、戴青冠，仙道骑青牛，红色是道教大忌。作为道主、宗师、道君、圣号为"太上开天执符御历含真体道昊天玉皇上帝"的

宋徽宗，能违犯教规去设官窑烧制红釉的钧瓷吗？这是我的直觉，也可作为宋代无钧的论据之一。

2005年10月，禹州钧瓷研讨会上，"宋代无钧说"作为异论在会上亮相，受到"北宋说"的抨击。在会议结束的总结发言中，专家得意地说："……钧瓷烧造工艺不见于文献、史料是十分不正常的，亦不见于同时期的墓葬。判定钧瓷起源于北宋，主要是它的精美、典雅、含蓄、明净的艺术风格与宋代特有的时代风尚。"听后，对专家的崇拜之心一落千丈。因为钧瓷属于粗瓷类，其艺术特征多以粗犷、凝重、浑厚、大气、多彩来形容，充溢着元代蒙古人的习性，与专家所言格格不入。"钧瓷北宋说"在心中淡然置之。

2006年，中国深圳官钧瓷器学术研讨会上，参会者50人，超乎寻常地一致否定了"钧瓷北宋说"，并把钧官窑陈设瓷定为明代，连篇累牍的文章在网上出现，跟随附和者众多。我读后，觉得实证可信，开始在自己交往的范围内发声。

2008年，在一个杂志上看到一篇文章，美国苏富比拍卖公司开始认同"官钧瓷明代说"，拍卖现场出现的钧瓷仰钟式花盆已把"明代"作为年代标示。看后，思绪万千，资本市场的接受冲破了权威、专家控制的历史时代。对于文中所提文献资料，都逐一查正原文进行了核对。这对我是一种激励。

2009年，我开始筹建郑州市柴瓷文化研究会，对柴瓷、汝瓷、钧瓷的承袭与渊源关系进行综合探究。我一头扎进河南省图书馆古籍部进行阅读检索，查阅了唐、宋、元、明历史、会要、会典的有用部分，还有诗词、绘画、艺文、杂说等，最后，集中精力查阅了明代《河南一统志》、清代《河南一统志》，还细读了线装本的郑州、汝州、禹州等十二县市明嘉靖后的全部地方志，对"钧官瓷陈设器明代说"又找出多个实证。

2011年元月，我与张松林合编的《新钧瓷》一书出版，在该书《钧瓷源流考证》一章中亮明了自己的观点，并把蓝普生、余佩瑾的文章附录于后，但没有引起业内和社会的太多关注。

2011年，我开始构思《中国钧瓷收藏与鉴赏》一书，并历时一年多写出了初稿。

2013年年初，将第一稿送顾万发审阅，顾万发看后予以肯定，并提出建议，又给予了鼓励。两个月后拿出第二稿，送李海峰、王丰硕、霍福生、张义审阅。他们对第五、六、七章提出了修改意见。

最后定稿时，顾万发对第二、三章提出修改意见，减少了第二、三章的彩图，精简了图片的文字说明。

第三稿出来后，请孙晓岗审阅，他对500多幅照片提出了修改意见，亲自对第六章中官窑瓷进行了重拍，王大丽进行版面重组。

在共和国官窑瓷、钧花瓷、神垕炉钧概念的提出与形成过程中，先后走访了苗锡锦、教之中、阎夫立、刁文、范文典、朱五妞、王欣营、郗富安、温清立、刘志军、王金合、丁建中、王秋红、梁清扬等近百位原市、镇领导，工艺师及多家钧瓷生产厂家。

第四稿完成，将送出版社时，葛天才送来了有"钧窑天制"字样的天青圆洗，这算有了卢家的钧瓷标本，也充实了民国钧瓷的内容。

这篇后记并非一本书的完结，书中提出的观点和概念可能是讨论的开始，希望读者能找出新的实证，使明代钧官窑的真实屹立于历史长河，使钧瓷的渊源在不争不辩中传袭下去，为后代尽一份应尽的责任。

田培杰

2013.12